普通高等教育会计系列规划教材

U0648694

财务管理

林 国 主 编

黄琦琦 蒙文敏 宋佳 高科 副主编

东北财经大学出版社
Dongbei University of Finance & Economics Press

大连

图书在版编目（CIP）数据

财务管理 / 林国主编 . —大连：东北财经大学出版社，2025.8.—（普通高等教育会计系列规划教材）. —ISBN 978-7-5654-5496-7

Ⅰ. F275

中国国家版本馆 CIP 数据核字第 2025NX3488 号

财务管理

CAIWU GUANLI

东北财经大学出版社出版

（大连市黑石礁尖山街 217 号　邮政编码　116025）

网　　址：http://www.dufep.cn

读者信箱：dufep@dufe.edu.cn

大连永盛印业有限公司印刷　东北财经大学出版社发行

幅面尺寸：185mm×260mm　字数：232 千字　印张：11.25

2025 年 8 月第 1 版　　　　　　2025 年 8 月第 1 次印刷

责任编辑：王　莹　周　慧　　责任校对：何　群

封面设计：张智波　　　　　　版式设计：原　皓

书号：ISBN 978-7-5654-5496-7　定价：42.00 元

2023年9月8日，习近平总书记提出"加快形成新质生产力"，为全国推动生产力跃迁明晰了发展方向。各省以新质生产力发展为基础开始布局未来产业，随着新质生产力的逐步形成，新质生产力时代已向我们走来。

一、新质生产力时代——大众创业、万众创新的时代

中央财经委员会办公室对新质生产力的解读是"由技术革命性突破、生产要素创新性配置、产业深度转型升级而催生的当代先进生产力"，其内涵最核心的是创新。党的二十大报告指出："必须坚持科技是第一生产力、人才是第一资源、创新是第一动力。"

发展新质生产力的关键是人，是劳动者的转型。劳动者的创新能力和综合素质是加快形成新质生产力的关键。进入数智时代，重复性、程序性劳动将被智能机器代替，新质生产力时代的劳动者将从"工具人"解放为"创新者"，"个体+AI"的创新型公司也将出现在经济细胞的行列，甚至成为常态。新质生产力时代将助力大众创业、万众创新。

二、新质生产力时代的高校人才培养思考

在数智化革命下，劳动者素质达到新高度，能够操作、控制、维护数字技术和设备，成为新质生产力时代劳动者的标配。

（一）基本素养培养

在基本素养方面，能够操作、控制、维护数字技术和设备的标配，要求高校培养具备相应知识、技能等综合素养的新质生产力时代劳动者。该综合素养是对新质生产力时代劳动者的基本要求，主要属于实然性命题属性，部分属于应然性命题属性，配置数字技术、设备相应的操控课程，对学生教"学"，满足人才培养的时代要求。

（二）创新意识、创新能力培养

新质生产力内涵中最核心的是创新，创新是对新质生产力时代的劳动者的核心能力要求，高校应突出对人才的创新意识、创新能力培养。

具有开放性、探索空间大的命题因其思考自由度高，更容易受到学生喜爱，这也契合人对自主探索的天然倾向。天然的求知欲加自由的畅想，正是重要的创新意识培养方式之一。为了保护潜在天性、满足新质生产力时代的需要，高校应强化或然性、应然性课程开设；问题式教学、研究式学习，应予首推。

学问，学与问，不但要教"学"，还要教"问"，要强调综合素养的提升、创新能力的培养，"学"与"问"在高校的人才培养中不可偏废。

（三）创业基础能力培养

公司制企业的创业者责任的有限性，为大众创业、万众创新提供了防控风险的保障机制，故公司制企业是创业者创业组织形式的最佳选择。

新质生产力时代之创新核心——劳动者的创新能力——将成为企业黏合度较高的资源，甚至是黏合度最高的资源，具有创新能力的劳动者将成为企业最为重要的利益相关者；未来的公司（典型的现代企业）甚至将大规模呈现为"知识型"创新公司，具有创新能力的劳动者很可能成为"个体+AI"公司的唯一股东，高校专业知识的学习，将成为新质生产力时代劳动者创业的基础，公司治理的基本能力也将成为劳动者创业的基础需求。

专业知识的学习以专业要求为基础，结合新质生产力时代的创新需要开设课程，进行人才培养；公司治理的基本能力培养，可以通过开设"公司治理""公司法""经济法"等相关课程进行。

三、新质生产力时代的高校课程教学反思

根据新质生产力时代的人才需求与培养要求，我们需要重新审视自身的教学，进行教学理念反思与教学行为反思。

（一）以综合能力培养为目标

人才的培养，需要以社会需求为导向。新质生产力时代，需要具备综合能力的人才。专业能力、创业能力的培养，各种知识的综合运用，要求高校教师在课程教学中突出课程内知识的综合阐释，以及课程间、学科间知识的复合型讲授。

（二）以创新能力培养为核心

新质生产力最核心的内涵是创新，时代呼唤创新，新质生产力需要具有创新能力的人才，高校人才培养应以创新意识、创新能力的培养为核心。这就要求高校教师课程教学融入问题式教学、研究式学习等方法。

（三）坚守知识建构原则

新质生产力时代，劳动者的基本素养要求，综合能力培养、创新能力培养，都需要基础知识、专业知识的学习，要求高校教师课程教学坚守知识建构原则、遵循教学规律。

（四）坚持课程思政引领

高校承载着立德树人的根本任务，思政课是关键课程，课程思政是根本遵循。课程思政，从根本上回应了"培养什么人、怎样培养人、为谁培养人"等重大理论与实践问题。

课程思政建设的基础在课程，根本在思政，重点在课堂，关键在教师，成效在学生。要有效加强课程思政建设，形成"全体专业课教师开展课程思政一个都不少，学校开设的所有课程实施课程思政一门都不缺位"的"课程思政+思政课程"协同育人大格局。

新质生产力时代，高校人才培养，坚持课程思政引领是植根的要求，坚守知识建构原则是育苗的需要，培养则是园丁育人、助力成长的过程；如果综合能力是时代需要的果实，创新能力则是果实的籽仁。时代要求我们的教学要以硕果丰实为目标进行教学设计、教法淬炼。

四、新质生产力时代"财务管理"课程重塑

作为创业重要资源之一的资本，其对于公司的黏合度不言而喻，财务管理知识亦为创业者创业之不可或缺。新质生产力时代，无论从创业者的角度，还是工商管理类专业

的人才培养角度，高校的"财务管理"课程均需要契合时代的要求。

（一）课程重塑的基础思考

依据资源结构治理理论，企业在本质上是一组不完全的、具有特定相互依赖性的资源投入契约的履行过程。资源投入者属于利益相关者，企业是由利益相关者以资源作为出资契约而成的，企业的存在与发展离不开利益相关者。处理好利益相关者间的关系是实现企业价值最大化的重要前提，企业价值最大化与利益相关者的合理价值诉求在方向上具有一致性。因此，企业治理的主旨应是平衡多元利益相关者的诉求，在协同共赢中实现企业价值最大化。

在知识点讲授上，"财务管理"课程的利益相关者价值最大化目标，是基于企业的利益相关者治理而确定的，是知识结构原则的体现；于公司（典型的现代企业）制企业，则呈现"财务管理"与"公司治理"课程间的关联性，是知识复合型、综合性的体现。公司利益相关者的价值最大化，符合共同富裕的内在要求，是该公司所有利益相关者实现共同富裕的具体践行；一个个企业的所有利益相关者的价值最大化，是无限接近全社会范围的共同富裕；利益相关者价值最大化与企业价值最大化具有一致性，则共同富裕寓于企业价值最大化的实现之中。这是一个"共同富裕"思政因素由隐性到显性的挖掘过程。

（二）课程重塑的系统思考

1. 知识建构原则的系统化贯彻

遵循"财务管理"课程知识的内在联系，以知识建构原则为基础，构建各章间、各节间、同节内的知识点间的课程架构，确保课程结构体系化。

2. 综合能力培养的体系化训练

基于知识建构原则的课程体系建与知识讲授，使学生可以建构综合思考问题、解决问题的知识体系，再以综合性习题强化训练，培养思考问题、解决问题的综合能力。

"财务管理"课程与"公司治理""公司法"课程相关知识的关联阐释，有助于在新质生产力时代培养具备解决实际问题能力的劳动者。

3. 课程思政的引领与保障

习近平总书记多次强调全体人民共同富裕的重要性。党的十九大报告中提到，从2020年到2035年，"全体人民共同富裕迈出坚实步伐"；从2035年到本世纪中叶，"全体人民共同富裕基本实现"。

从财务目标的确立到利润分配，企业利益相关者价值最大化从目标确立到实现，是共同富裕目标的具体实现。"财务管理"课程要构建"共同富裕"引领的课程思政体系。

法治是实现共同富裕的有力保障，法律制度是企业经营的依据与准则。"财务管理"课程要构建法律制度保障与助力的课程思政体系。

4. 创新能力培养一以贯之

在"财务管理"课程的具体讲授中，针对不同的知识点从或然、应然、实然的不同视角出发，充分把握或然性与应然性，进行问题式教学，引导研究式学习。

进行"财务管理"课程的重塑，是与时俱进，是契合新质生产力时代人才要求的知识讲授、能力培养的时代课程反思，是"财务管理"课程的升级，呈现为"财务管理"课程的新质生产力时代版。

从数学到经济学，再到管理学、财务管理学的学科发展，无不体现知识建构原则。利益相关者理论促进了企业管理理念、模式的转变，受到经济学家、管理学家的高度重视。企业的利益相关者治理决定了财务管理的利益相关者价值最大化目标，"财务管理"有着丰富的复合性、综合性内蕴。各利益相关者的价值最大化左右着企业的价值最大化，二者的价值最大化践行、实践着共同富裕。共同富裕是一个经济概念，也是一个政治概念，是中国式现代化的本质特征。高水平的生产力是实现共同富裕的物质基础，新质生产力是推进中国式现代化的内生驱动力，为实现高质量发展注入强大动能。新质生产力时代，AI 大发展，"财务管理"课程重塑，赋能创新、创业，服务共同富裕目标实现，推进共同富裕在行动、在身边、在课堂。

本教材的编写体现了《中共中央 国务院关于弘扬教育家精神加强新时代高素质专业化教师队伍建设的意见》（2024 年 8 月 26 日）中"提升教师专业素养"部分的内涵，从适应基础学科、新兴学科、交叉学科发展趋势出发，呈现了跨学科研究的成果；教材的适用，将助力教师开展跨学科研究，提升教师的复合能力和综合素养。

基于前述特点，本教材主要适用于应用型本科院校，是实务界的基础参考书，是自学者的入门教材。

教师专业是一个学习和研究的职业，是一个持续成长的过程，教师专业发展在应用新的理论和知识的同时，要求教师进行教学反思，将教学研究置于时代、融于教学实践，思考、反省、探索和解决时代发展下教育教学过程中遇到的问题，进行课程重塑。教学反思有助于教师成长为学者型教师、专家型教师。

五、新质生产力时代，本教材孕育而生

企业是社会经济的基本细胞、也是社会存在，公司则是典型的现代企业组织形式。本教材以企业尤其是公司制企业的视角，进行财务管理知识的编写、阐释。全书共分八章，具体内容包括：概论，资金的时间价值与风险价值，资本成本、资本结构与杠杆原理，筹资管理，投资管理，营运资金管理，利润分配管理，财务管理方法。

本教材由林国老师主编。宋佳老师参与了第一、二章编写，蒙文敏老师参与了第三、四章编写，黄琦琦老师参与了第五、六章编写，高科老师参与了第七、八章编写。本教材为广西科技师范学院 2022 年校级教材建设培育项目（广西科技师范学院教材经费资助项目）成果，亦为主编作为南京师范大学金融专业国内高级访问学者访学期间"融思政元素与复合型特色的《财务管理》教材研究"项目的研究成果。在本教材编写过程中，广西科技师范学院财经学院（原经济与管理学院）、教务处、财务处等部门相关领导、老师给予了大力支持，南京师范大学商学院易志高教授、贺州学院经济与管理学院邱玉兴教授给予了热心指导，在此一并表示衷心感谢！

编 者

2024 年 12 月

第一章

概　论

主要知识结构体系：

什么是财务管理？

财务管理要研究什么、实现什么样的目标、把握什么原则？

本章主要围绕上述问题进行课程的基本性阐释。

▶▶▶▶▶▶ 第一节　财务管理概念与内容

企业是一组契约的连结点，由利益相关者契约而成。依据资源结构及企业治理理论，企业在本质上可以视作一组不完全的、具有特定相互依赖性的资源投入契约的履行过程；各资源投入者即利益相关者。企业是各方共赢的契约产物，其存续是各利益相关者契约关系动态处理结果的呈现。概言之，企业是把人的资源要素与物的资源要素结合起来自主从事经济活动的营利性组织。

一、财务管理概念

资金，作为最为基础并且通用的资源，于企业而言，不可或缺。从企业的设立、运营，到利润分配，周期性运转，乃至企业终结，都离不开资金；伴随企业经营，以资金运动的形态存在，也即财务活动。

作为资源的资金，其运动是各利益相关者间利益关系抉择结果的连续呈现，即通过财务活动予以展现的彼此之间的经济利益关系，也即财务关系。

企业财务，即企业在生产经营活动中存在的资金运动与相对应的经济利益关系的总和。企业财务管理则是组织企业财务活动、处理相关财务关系的管理活动总称，又称之为理财。

二、财务管理内容

财务管理活动的内容包括组织财务活动和处理财务关系。

(一) 组织财务活动

财务活动是指以现金收支为主的企业收支活动，主要包括筹资活动、投资活动、营运资金活动、利润分配活动等四大方面。

1.筹资活动

企业为了满足投资、营运资金等的资金需求而进行资金筹集的财务活动为筹资活动。资金的来源分为权益性的资金来源与债务性的资金来源两种。

2.投资活动

企业根据经营目标，投出资金的财务活动为投资活动。广义的投资活动既包括对外投资活动，又包括对内投资活动；狭义的投资活动仅指对外投资活动。

3.营运资金活动

企业因日常经营活动而发生的财务活动为营运资金活动。营运资金活动注重资金的周转效率。

4.利润分配活动

企业对因投资活动、营运资金活动等财务活动而实现的资金增值进行分配的财务活动为利润分配活动。利润分配活动通常是指对企业的净利润进行分配的活动。

（二）处理财务关系

财务关系是指在企业财务活动中与各方形成的关系。主要的财务关系包括：企业与投资人、债权人之间的关系；企业与受资人、债务人之间的关系；企业与供应商、客户之间的关系；企业与政府之间的关系；企业与内部各单位之间的关系；企业与员工之间的关系。

概言之，做好财务管理工作，既要组织好财务活动，又要处理好财务关系。

▶▶▶▶▶▶ 第二节　财务管理目标

目标，即所期望实现的结果。企业财务管理目标就是企业通过财务管理活动所要实现的结果。企业所确定的不同财务管理目标会对企业财务管理活动产生不同的导向作用。具有代表性的财务管理目标主要有以下几种：

一、利润最大化目标

作为营利性组织的企业，利润最大化是其追求的目标，财务管理服务于该目标，该目标亦为财务管理的目标。

利润最大化指的是税后净利润最大化，是绝对数值的体现；利润最大化目标，考量的只是最后的利润，没有计算投入的资本；利润最大化目标，没有考虑时间价值；利润最大化目标，还忽视了风险的因素；利润最大化目标，缺乏全局思维，容易导致企业的短期行为。

二、每股盈余最大化目标

作为企业的投资人，追求的是投资收益；企业是投资人追求"收益"的项目。基于此，企业将投入资本的回报能力作为目标，股份制企业，即用每股盈余最大化来衡量。

每股盈余，是税后净利润与普通股股数之比，是相对数；每股盈余最大化目标，考量的也仅限于这一相对指标，仍忽视了时间价值、风险因素，缺乏全局思维。

三、股东财富最大化目标

企业的资金来源包括权益性资金来源与债务性资金来源两种。正常经营期间，企业的控制权在权益性资金投入者手中，权益性资金投入者即股份制企业的股东。企业以股东财富最大化为最终追求。

股东财富最大化目标，是一个现值的体现，其考虑了资本成本、时间价值、风险因素，具有相对的全局思维；但仍具有一定的片面性，忽视了债权人的利益；甚至存在只关注股市的导向，而忽视企业经营。

四、企业价值最大化目标

企业价值最大化目标是以企业整体利益与长期发展为基础确定的目标，既考虑了权益性资金提供者的权益，又考虑了债务性资金提供者的权益，为理论界、实务界普遍接受和采纳。

五、利益相关者价值最大化目标

契约社会，企业是一组契约的连结点，企业是各方共赢的契约产物；各方依资源结构理论，为企业资源的提供者，即利益相关者；企业的存在与发展离不开资源，离不开利益相关者。

法治社会、契约精神、利益相关者价值最大化与企业价值最大化具有一致性。所以，企业治理的主旨应是在保护利益相关者价值最大化的基础上实现企业价值最大化。企业价值最大化、利益相关者价值最大化，是企业范围的共同富裕的实现。

▶▶▶▶▶▶ 第三节　财务管理原则与方法

实现财务管理目标，需要一定原则作为保障；财务管理原则是组织财务活动、处理各种财务关系的基本规范。

一、财务管理原则

财务管理原则是财务管理知识的逻辑基础,以下仅就基本的财务管理原则进行阐述:

(一)资源合理配置原则与利益相关者价值原则

企业由出资人以资源出资契约而成,企业价值的实现是各利益相关者共同努力的结果。企业追求各方价值最大化,则对具体的资源配置提出合理化要求,资源合理配置原则与利益相关者价值原则是财务管理的基本原则。

(二)合法原则与诚信原则

企业财务活动必须遵守财经法规,诚实守信,以此为基本要求,处理财务关系。

(三)资金时间价值原则

资金,对于企业而言,是重要且通用的资源。然而,相同金额的资金在不同的时间点具有不同的价值,这是企业进行财务活动必须予以考虑和遵守的原则。

(四)风险与收益均衡原则

收益与风险相伴,通常,高收益也意味着高风险。企业财务活动要均衡收益与风险,权衡抉择。

(五)成本效益原则

企业进行具体财务决策时,要权衡成本与收益,有利于决策,实现资源最优配置,以最终实现企业价值最大化。

(六)利益关系协调原则

企业,由各方契约而成;企业,置身于社会之中。企业要兼顾各方利益,处理好各方关系,在追求企业价值最大化的同时,亦应为实现社会效用最大化竭力而为。

此外,还有诸多财务管理相关原则,在此不再赘述。

二、财务管理方法

财务管理方法是为实现财务管理目标而优化资源、提高效率,进行资金运动管理的各种技术方法的集合。

财务管理方法通常包括财务预测、财务决策、财务预算、财务控制、财务分析等。

（一）财务预测

财务预测是依据历史资料，结合现实条件与要求，对企业未来财务收支活动进行全面分析，并作出预计和推断的财务管理方法。

财务预测分为筹资预测、投资预测、成本费用预测、收入预测与利润预测等。

（二）财务决策

财务决策是基于财务预测，对不同方案进行分析比较，并作出最优方案选择的财务管理方法。

财务决策分为筹资决策、投资决策、成本费用决策、收入决策与利润决策等。

（三）财务预算

财务预算是以财务决策结果为依据，对企业生产经营活动进行全面规划的财务管理方法。

财务预算分为筹资预算、投资预算、成本费用预算、销售收入预算和利润预算等。

（四）财务控制

财务控制是以财务制度和财务预算为依据，对财务活动实施调控以确保财务预算完成的财务管理方法。

财务控制分为筹资控制、投资控制、成本费用控制、货币资金收支控制和利润控制等。

（五）财务分析

财务分析是以会计信息和财务预算为依据，对一定期间的财务活动过程及其结果进行分析和评价的财务管理方法。

通过财务分析，可以掌握财务活动的规律，为以后进行财务预测和制定财务预算提供资料。

拓展阅读

蕴于利益相关者价值最大化中的"共同富裕"思政元素

关键词：课程思政；利益相关者；企业价值；共同富裕

文章导读：《蕴于利益相关者价值最大化中的"共同富裕"思政元素》，论证、阐释了"共同富裕"根植于本章所述内容"利益相关者价值最大化目标"之中。通过阅读、学习本文，便于学生在"财务管理"课程中更好地完成立德树人的根本任务，是课程思政的具体体现；本文总领本教材的课程思政体系。

一、课程思政概述

2016 年，习近平总书记在全国高校思想政治工作会议上提出："要用好课堂教学这个主渠道，思想政治理论课要坚持在改进中加强……使各类课程与思想政治理论课同向同行，形成协同效应"；2017 年，中共教育部党组印发的《高校思想政治工作质量提升工程实施纲要》明确提出："要大力推动以课程思政为目标的课堂教学改革"；2020 年具有里程碑意义的《高等学校课程思政建设指导纲要》发布；2021 年全国高校教师网络培训中心举办高校教师课程思政教学能力培训。

"课程思政"为当前高校思想政治工作构建了一种全新的教育样态，是各方高度关注的理论和实践问题。正如孙燕华（2019）在《创新教学管理推动高校课程思政改革与探索》中的阐释："教师是教学设计的关键，教材是教学实施的基础，资源挖掘是课程建设的先决条件，制度建设是实现教育价值的根本保障"，将"思政"于"专业"中由隐性到显性的发掘过程，是课程思政改革与建设的直接基础。"思政"与"专业"知识的有机契合是推进课程思政其他环节的前提与基础。

现以挖掘的思路，对"财务管理目标"之"利益相关者价值最大化"目标这一专业知识点与"共同富裕"这一思政元素，进行"思政"与"专业"知识有机契合的阐释。

二、利益相关者概述

"利益相关者"一词最早见于 1929 年（刘俊海，1999），Ansoff 将"利益相关者"概念引入管理学界和经济学界。利益相关者理论促进了企业管理理念、模式的转变，受到经济学家、管理学家的高度重视，被认为是帮助人们认识和理解"现实企业"的工具，西方学者开始更多地从利益相关者视角研究公司治理。

杨瑞龙将众多的利益相关者定义归纳为宽、中、窄三类：

第一类是宽定义，即能影响企业活动或被企业活动所影响的个体或群体均为利益相关者；第二类是中定义，即与企业有直接关系的个体或群体才是利益相关者；第三类是窄定义，用主流经济学的语言表述，即只有在企业中投入了专用性资产的个体或群体才是利益相关者。

从外延看，普遍认可的利益相关者有投资者（包括股东）、债权人、管理者、普通员工、供应商、销售商、消费者、政府和一些特殊的利益团体。

本文客观上采用最宽的定义，主观上从最窄的定义出发，兼顾外延视角的利益相关者范围，展开研究。

三、利益相关者与企业治理

弗里曼认为企业属于利益相关者，实际上企业是由利益相关者契约而成的。企业是独立于利益相关者的主体，但二者又密切相连。

（一）利益相关者价值最大化与企业价值最大化

1.假设

依据资源结构治理理论，企业在本质上是一组不完全的、具有特定相互依赖性的资源投入契约的履行过程；资源投入者即利益相关者。也就是说，企业是由利益相关者以资源作为出资契约而成的，企业的存在与发展离不开利益相关者。企业是各方共赢的契约产物，其存续是各利益相关者契约关系动态处理结果的呈现。

基于以上描述，我们提出如下假设：

利益相关者价值最大化与企业价值最大化具有一致性。

2. 论证前提

利益相关者是相对于企业而言的，所以，对利益相关者价值的探究，必须将其置于企业之中进行；是否处理好各利益相关者之间的关系是证明利益相关者价值最大化与企业价值最大化一致性与否的关键。

为论证方便，我们假定如下前提：

（1）主体设定：公司制企业、"股东"

我们选取典型的现代企业——公司制企业，将广义契约方式之下公司的各资源比照物质资本进行"股份化"，将资源投入者即利益相关者拟定为"股东"。

（2）股东限定：公司只存在A、B两个"股东"

A"股东"处于控股地位，所占股份比例为q_1，B"股东"所占股份比例为q_2，$0 < q_2 < q_1 < 1$。

（3）期间限定：公司存续期间

公司是各方共赢的契约产物，企业成立时，我们视各利益相关者利益已均衡，不作研究，只选取公司存续期间进行研究。

（4）价值替代：收益

我们视价值为收益之和的体现，每一利益相关者的价值为其收益之和，同时假定公司的价值等于各利益相关者的价值之和。

（5）利益相关者关系替代：引入"侵害行为"

我们将"关系"前置，引入"侵害行为"，用存在"侵害行为"表示"未处理好各利益相关者之间的关系"；用不存在"侵害行为"表示"处理好各利益相关者之间的关系"。

利益相关者关系处理的好坏，则呈现在收益分配的结果上。我们具体化为任一关系的处理与对应的收益分配结果进行匹配研究。

3. 论证过程

公司在利益相关者关系处理上，具体体现为四种情况：①当A、B都不侵害对方时，各自获得的收益分别为a、b，公司收益为$a+b$；②当A不侵害B，而B侵害A时，A为控股股东，获得的收益没有受到任何影响，仍为a，而B则要付出额外的成本L，则B的净收益为$b-L$，公司收益为$a+b-L$；③当A侵害B，而B不侵害A时，A获得额外收益，额外收益的大小与A、B之间的股份比例q_1、q_2的差额有关，差额越大，则A获得的额外收益越大，用（q_1-q_2）R表示，但要付出成本C，则A的收益为$a+$（q_1-q_2）$R-C$，此时B的收益相应减少（q_1-q_2）R，B的收益为$b-$（q_1-q_2）R，公司收益为$a-C+b$；④当A、B都侵害对方时，A的收益与前述③的情况一样，为$a+$（q_1-q_2）$R-C$，而B非但不能获得额外收益，还要付出成本L，则B的收益为$b-$（q_1-q_2）$R-L$，公司收益为$a-C+b-L$。

股东之间上述支付矩阵如图1-1所示。

B

A	不侵害	侵害
不侵害	a, b	a, $b-L$
侵害	$a+(q_1-q_2)R-C$, $b-(q_1-q_2)R$	$a+(q_1-q_2)R-C$, $b-(q_1-q_2)R-L$

图1-1 股东之间支付矩阵

上述情况①不存在侵害行为，即处理好了各利益相关者之间的关系。此时，"股东"A、B的收益分别为a、b，是四种情况中各"股东"收益整体最大的情形；公司总的收益为$a+b$，亦为四种情况中公司总的收益最大的情形。上述情况②、③、④存在侵害行为，即未处理好各利益相关者之间的关系。该三种情况下，各"股东"的收益非全最大，且整体亦非最大；公司总的收益也均非最大。

4.结论

处理好各利益相关者之间的关系，利益相关者的整体收益已经最大化，且此时公司的收益亦为最大化，公司利益最大化与利益相关者利益最大化二者具有一致性，则利益相关者价值最大化与企业价值最大化亦具有一致性。

（二）企业的利益相关者治理

现实中，所有利益相关者价值与企业价值并非完全一致，但企业与利益相关者共生共存，在价值最大化的方向上具有一致性是不容置疑的。

处理好利益相关者之间的关系是实现其价值最大化的前提，所以，企业治理的主旨应是在保护利益相关者价值最大化的基础上实现企业价值最大化。《上市公司治理准则》在制度层面上对利益相关者利益保护做了相应规定，2023年12月29日十四届全国人大常委会第七次会议表决通过新修订的于2024年7月1日起施行的《公司法》，也进一步凸显了对利益相关者的保护。

四、利益相关者价值最大化与共同富裕

（一）共同富裕阐释

1.共同富裕发展脉络

马克思、恩格斯与列宁基于无产阶级运动的特点、社会生产力的迅速发展以及社会主义的本质提出了共同富裕的观点。共同富裕是社会主义的本质要求，共同富裕一直也是中国人民的共同理想。毛泽东强调要使得我国农民大众取得共同富裕，要从国家制度、计划等方面明确逐年实现；邓小平强调实现全国人民共同富裕，可以通过解放、发展生产力达到；江泽民明确指出实现共同富裕是阶段性的，鼓励先富，先富带后富，逐步实现共同富裕；胡锦涛强调通过共享改革发展的成果逐步实现共同富裕。习近平多次强调全体人民共同富裕的重要性，党的十九大报告中也提出了从2020年到2035年，全体人民共同富裕迈出坚实步伐；从2035年到21世纪中叶，全体人民共同富裕基本实现。

2.共同富裕含义

马克思、恩格斯认为，在未来社会中，生产以所有人富裕为目的，所有人共享大家创造的福利。

习近平总书记曾指出："我们推动经济社会发展，归根结底是要实现全体人民共同富裕。"中国特色社会主义坚持把增进人民福祉、促进人的全面发展、朝着共同富裕方向稳步前进作为经济发展的出发点和落脚点。共同富裕是一个经济概念，也是一个政治概念。

共同富裕是全体人民的富裕，不是少数人的富裕；是人民群众物质生活和精神生活都富裕，不是单纯物质上富裕而精神上空虚；是仍然存在一定差距的共同富裕，不是整齐划一的平均主义同等富裕；是分阶段有步骤地实现共同富裕，不是同一时间同等程度地实现共同富裕。

（二）利益相关者价值、企业价值与共同富裕

泰勒认为企业科学管理的根本目的是谋求最高劳动生产率，最高的工作效率是雇主和雇员达到共同富裕的基础。

北京大学何志毅认为企业共同富裕包含其自身的共同富裕，自身与上下游产业链及客户的共同富裕，自身与非利益相关者的共同富裕三个方面。

依共同富裕之内涵，企业利益相关者的价值最大化，符合共同富裕的内在要求，是该企业所有相关利益相关者范围实现共同富裕的具体践行。企业是经济细胞、是社会存在，一个个企业的所有利益相关者的价值最大化，是无限接近全社会范围的共同富裕，也是各个企业价值最大化的前提，共同富裕寓于企业价值最大化的实现之中。

五、"利益相关者价值最大化"与"共同富裕"的课程思政体系契合

从企业利益相关者收益分配到利益相关者价值最大化目标的实现，从企业利益相关者治理到企业所有相关利益相关者范围的共同富裕，利益相关者价值最大化是企业范围实现共同富裕的具体践行，共同富裕寓于企业价值最大化的实现之中。利益相关者价值最大化与共同富裕相通相连，"共同富裕"思政元素与"利益相关者价值最大化"专业知识密切契合。所涉及的专业知识落于"财务管理"课程的总论与利润分配管理章节，财务管理目标统领"财务管理"课程各章节内容；专业知识"财务管理目标"与"收益分配"间的对应，是目标与目标实现之间的关系，是一个体系，是课程知识体系的呼应。

"思政"与"专业"，本质上讲两者不是后天相融，而是先天伴生，"课程思政"的作用即是将"思政"于"专业"知识中由隐性到显性地发掘。本文是对"思政"与"专业"知识有机契合的探究，也是对课程思政教育体系的探索、对课程思政理念的践行。恰如万力（2019）对目前学界"课程思政"内涵所作的归纳：课程思政是一种教育方法（刘磊）；除此之外，还包括课程思政是一种教育体系（何衡），课程思政是一种教育理念（邱伟光）。个人认为"课程思政"是一个立体概念，是上述的三位一体，即"理念+体系+方法"的课程思政。

"理念+体系+方法"三位一体的课程思政，可以更好地、"润物细无声"地实现立德树人的教育根本任务，进而更好地服务于2035年基本实现全体人民共同富裕取得更为明显的实质性进展的社会主义现代化远景目标。

课后习题

一、选择题

1.企业向银行贷款形成的财务关系属于（　　）。

A.企业与供应商之间的财务关系　　　B.企业与债权人之间的财务关系

C.企业与客户之间的财务关系　　　　D.企业与受资人之间的财务关系

2.下列各种目标中，为理论界、实务界普遍接受和采纳的是（　　）。

A.利润最大化目标　　　　　　　　　B.企业价值最大化目标

C.每股盈余最大化目标　　　　　　　D.股东财富最大化目标

3.企业在资本市场上向投资者发行股票从而取得资本的活动，属于财务管理的（　　）活动。

A.筹资　　　　　　B.投资　　　　　　C.利润分配　　　　D.营运资金

4.下列选项中，符合财务管理特征的表述是（　　）。

A.公司管理　　　　B.价值管理　　　　C.营运管理　　　　D.战略决策管理

5.企业价值最大化目标在实务工作中的缺陷是（　　）。

A.未考虑货币时间价值　　　　　　　B.操作性较差

C.未考虑其他利益相关者利益　　　　D.理论性较差

6.下列选项中，属于每股盈余最大化目标和利润最大化目标的共同缺陷的是（　　）。

A.没有考虑时间价值　　　　　　　　B.没有克服短期行为

C.没有考虑投入与产出的关系　　　　D.不具有现实意义

7.下列有关"利润最大化目标"的描述，正确的有（　　）。

A.忽视了取得利润所投入的资本

B.忽视了所取得利润的时间价值

C.忽视了取得利润所承担的风险

D.片面追求利润最大化，易导致企业的短期行为

8.下列属于财务管理原则的有（　　）。

A.资源合理配置原则　　　　　　　　B.货币时间价值原则

C.风险与收益均衡原则　　　　　　　D.利益关系协调原则

9.财务管理的内容主要包括（　　）。

A.筹资管理　　　　B.投资管理　　　　C.营运资金管理　　　D.撤资管理

10.股东财富最大化目标的优点主要有（　　）。

A.考虑了获取收益的时间因素和风险因素

B.在一定程度上可以克服公司在追求利润上的短期行为

C.不断增加公司利润，使利润达到最大

D.能够充分体现公司所有者对资本保值增值的要求

二、综合题

材料一：

党的十九大报告提出，从2020年到2035年，全体人民共同富裕迈出坚实步伐；从2035年到21世纪中叶，全体人民共同富裕基本实现。

材料二：

企业在本质上是一组不完全的、具有特定相互依赖性的资源投入契约的履行过程；资源投入者即利益相关者。企业是由利益相关者以资源作为出资契约而成的，企业的存在与发展离不开利益相关者。所以，处理好与利益相关者之间的关系是实现其价值最大化的前提，企业治理的主旨应是在保护利益相关者价值最大化的基础上实现企业价值最大化。

1.共同富裕的内涵是什么？（　　　）。

A.是全体人民的富裕　　　　　　　　B.是人民群众物质生活和精神生活都富裕

C.是仍然存在一定差距的共同富裕　　D.是分阶段有步骤地实现共同富裕

2.利益相关者包括哪些？（　　　）。

A.企业投资者（包括股东）与债权人　　B.企业管理者与普通员工

C.企业的供应商与销售商　　　　　　　D.消费者与政府

3.下列关于利益相关者价值最大化、企业与共同富裕的关系的描述中，正确的有（　　　）。

A.具体企业利益相关者的价值最大化，符合共同富裕的内在要求

B.每一个企业的所有利益相关者的价值最大化，是无限接近全社会范围的共同富裕

C.物质层面的共同富裕的具体实践寓于企业价值最大化的实现之中

D.共同富裕是企业的应然使命

三、延伸学习建议内容

1.财务管理环境方面的内容。

2.企业财务管理体制方面的内容。

第二章

资金的时间价值与风险价值

主要知识结构体系：

什么是资金的时间价值？资金的时间价值怎么计算？

什么是终值、什么是现值？什么是单利、什么是复利？

什么是年金、年金有哪些分类，又是如何计算的？

什么是风险？风险是如何衡量的？

什么是资金的风险价值？资金的风险价值怎么计算？

本章主要围绕上述问题进行课程的基本性阐释。

▶▶▶▶▶▶ 第一节　资金的时间价值

一、资金的时间价值概述

（一）资金时间价值的概念和表现形式

1.概念

资金随时间的价值变化是资金的时间价值。资金增值是资金运用的期望结果。

2.表现形式

资金的时间价值，可以绝对的形式存在，如利息额、利润额等；也可以相对的形式存在，如利息率、利润率等，通常以相对形式表示。一般以没有风险、没有通货膨胀的利息率表示资金的时间价值，具体可采用国债利率，这也是投资回报的最低要求。

（二）资金的等值计算

1.资金的等值计算概述

不同时点绝对值相等的资金数额不一定具有相同的价值，相反，不同时点绝对值不等的资金数额可能具有相同的价值，即不同时点的不同数额的资金经济作用相等，这些不同时点数额不等的资金称为等值资金。将一时点一定数额资金按一定的折算率换算为另一时点一定数额资金的运算称为资金的等值计算。

2.现值与终值

本金，即资金现在的价值，称之为现值，一般用 P 表示；本金与利息之和，即资金将来的价值，称之为终值，一般用 F 表示。

二、单利与复利

（一）单利计算

1.单利计算的含义

单利计算，是指每次仅按约定的本金计算利息，所计利息不计入下期本金的计息方法。

2.单利终值与现值的计算

通常以利息率i表示资金的单位时间价值；用n表示资金的流入流出期间，一般按1年的整数倍计算；I表示利息额（$I=P\times i\times n$）。

（1）单利终值

单利终值公式如下：

$F=P（1+i\times n）$

式中，$1+i\times n$称为单利终值系数，则终值等于现值与单利终值系数之积。

所求终值（本利和）F等于现值（本金）P加上利息（I），即$F=P+I$；$I=P\times i\times n$，则$F=P+P\times i\times n=P（1+i\times n）$。

例2-1 •••••

赵某将10万元现金存入银行，存期三年，已知该三年期年存款利率为3%，请问赵某该笔存款到期的本利和是多少？

解答：

$P=100\,000$ $i=3\%$ $n=3$

$F=P（1+i\times n）=100\,000\times（1+3\%\times3）=109\,000（元）$

赵某该笔存款到期的本利和为109 000元。

（2）单利现值

依终值公式，可得现值公式如下：

$P=F（1+i\times n）^{-1}$

式中，$（1+i\times n）^{-1}$称为单利现值系数，则现值等于终值与单利现值系数之积。

根据公式，单利的终值与现值为互逆运算，系数互为倒数。根据终值求得现值，称为贴现。

例2-2 •••••

钱某计划三年后出国旅游，预算10万元。某银行三年期年存款利率为3%，请问钱某现在应存入多少现金，才能通过该笔存款实现出国游？

解答：

$F=100\,000$ $i=3\%$ $n=3$

$P=F（1+i\times n）^{-1}=100\,000\times（1+3\%\times3）^{-1}=91\,743.12（元）$

钱某现在最少应存入91 743.12元现金，才能通过该笔存款实现出国游。

（二）复利计算

1.复利计算的含义

复利计算，是指将上期利息计入本金，一同作为计算该期利息的本金的计息方法，俗称"利滚利"。

2.复利终值与现值的计算

（1）复利终值

复利终值公式如下：

$F=P(1+i)^n$

式中，$(1+i)^n$称为复利终值系数，记作 $[F/P, i, n]$，系数可依系数表查得；则终值等于现值与复利终值系数之积。

复利终值公式依据单利终值公式推导如下：

P为本金，F为本利和；

P为第1年本金，$P×i$为第1年利息，$P+P×i$为第1年终值，即$P(1+i)$；

$P(1+i)$为第2年本金，$P(1+i)×i$为第2年利息，$P(1+i)+P(1+i)×i$为第2年终值，即$P(1+i)^2$；

以此类推，$P(1+i)^{n-1}$为第n年本金，$P(1+i)^{n-1}×i$为第n年利息，$P(1+i)^{n-1}+P(1+i)^{n-1}×i$为第$n$年终值，即$P(1+i)^n$。

推得：$F=P(1+i)^n$

例2-3 ·:·:·:·:·

孙某将10万元资金投入某项目，项目期限3年，已知该项目回报率为10%，请问孙某该笔投资一共能收回多少资金？

解答：

$P=100\ 000 \quad i=10\% \quad n=3$

$F=P(1+i)^n=100\ 000×(1+10\%)^3=133\ 100$（元）

孙某该笔投资一共能收回133 100元。

（2）复利现值

依终值公式，可得现值公式如下：

$P=F(1+i)^{-n}$

式中，$(1+i)^{-n}$称为复利现值系数，记作 $[P/F, i, n]$，系数可依系数表查得；则现值等于终值与复利现值系数之积。此中的i又称为贴现率或折现率。

根据公式，复利的终值与现值为互逆运算，系数互为倒数。

例2-4 ·:·:·:·:·

李某欲参与某投资项目，3年后可获得本利和10万元，已知该项目回报率为10%，请问该项目的投资额是多少？

解答：

F=100 000　i=10%　n=3

$P=F(1+i)^{-n}$=100 000×$(1+10\%)^{-3}$=75 131.49（元）

李某欲参与的该项目投资额是 75 131.49 元。

财务管理中大部分采用复利计算，但目前我国银行储蓄采用单利计算。

三、年金

年金是指定期、等额的系列收付款项，分为普通年金、即付年金、递延年金、永续年金。一般用 A 表示年金，年金的终值与现值计算均以复利计算为基础。

（一）普通年金

1.普通年金的含义

普通年金是指每期期末等额收付款的年金，又称后付年金。

普通年金是其他年金学习的基础。

2.终值与现值的计算

（1）终值

普通年金终值是每期期末等额收付款的复利终值之和。

普通年金终值公式如下：

$F=A\times[(1+i)^{n}-1]/i$

式中，$[(1+i)^{n}-1]/i$ 为普通年金终值系数，记作 $[F/A,i,n]$，系数可依系数表查得；则年金终值等于年金与普通年金终值系数之积。

普通年金终值 F，是以年金 A 为每期现值，采用复利计算的 n 笔复利终值之和。普通年金终值公式依据复利终值公式推导如下：

分别用 F_1、$F_2\cdots F_{n-1}$、F_n 表示 1~n 期的终值，用 P_1、$P_2\cdots P_{n-1}$、P_n 表示 1~n 期的现值，则有：

$F=F_1+F_2+\cdots+F_{n-1}+F_n$

$F_1=P_1(1+i)^{n-1}$

$F_2=P_2(1+i)^{n-2}$

……

$F_{n-1}=P_{n-1}(1+i)$

$F_n=P_n$

因 $P_1=P_2=\cdots=P_{n-1}=P_n=A$

则：

$F_1=A(1+i)^{n-1}$

$F_2=A(1+i)^{n-2}$

……

$F_{n-1}=A(1+i)$

$F_n=A$

则：

$F=F_1+F_2+\cdots+F_{n-1}+F_n=A(1+i)^{n-1}+A(1+i)^{n-2}+\cdots+A(1+i)+A$

可知 F 实则为等比数列之和，运用等比数列求和公式，推得：

$F=A\times[(1+i)^n-1]/i$

例2-5 ⁖⁖⁖⁖⁖

周某欲参与某投资项目，期限3年，每年年末投入10万元，投入资金均来自银行借款，借款利率为5%，问周某该项目一共要投入多少资金？

解答：

$A=100\ 000$，$i=5\%$，$n=3$

$F=A\times[(1+i)^n-1]/i=100\ 000\times[(1+5\%)^3-1]/5\%=315\ 250$（元）

周某该项目一共要投入315 250元。

（2）现值

普通年金现值是每期期末等额收付款的复利现值之和。公式如下：

$P=A[1-(1+i)^{-n}]/i$

式中，$[1-(1+i)^{-n}]/i$ 为普通年金现值系数，记作 $[P/A,i,n]$，系数可依系数表查得；则年金现值等于年金与普通年金现值系数之积。

普通年金现值 P，是以年金 A 为每期终值，采用复利计算的 n 笔复利现值之和。普通年金现值公式依据复利现值公式推导如下：

分别用 F_1、$F_2\cdots F_{n-1}$、F_n 表示 $1\sim n$ 期的终值，用 P_1、$P_2\cdots P_{n-1}$、P_n 表示 $1\sim n$ 期的现值，则有：

$P=P_1+P_2+\cdots+P_{n-1}+P_n$

$P_1=F_1(1+i)^{-1}$

$P_2=F_2(1+i)^{-2}$

……

$P_{n-1}=F_{n-1}(1+i)^{-(n-1)}$

$P_n=F_n(1+i)^{-n}$

因 $F_1=F_2=\cdots=F_{n-1}=F_n=A$

则：

$P_1=A(1+i)^{-1}$

$P_2=A(1+i)^{-2}$

……

$P_{n-1}=A(1+i)^{-(n-1)}$

$P_n=A(1+i)^{-n}$

则：

$P=P_1+P_2+\cdots+P_{n-1}+P_n=A(1+i)^{-1}+A(1+i)^{-2}+\cdots+A(1+i)^{-(n-1)}+A(1+i)^{-n}$

可知P实则为等比数列之和，运用等比数列求和公式，推得：

$P=A\left[1-(1+i)^{-n}\right]/i$

例2-6 ∷∷∷∷

周某参与的某投资项目，期限3年，每年年末可以取得10万元的收益，如果年利率为5%，请计算该项投资收益的现值。

解答：

$A=100\ 000$　$i=5\%$　$n=3$

$P=A\left[1-(1+i)^{-n}\right]/i=100\ 000\times\left[1-(1+5\%)^{-3}\right]/5\%=272\ 324.81$（元）

周某参与的该项投资收益的现值为272 324.81元。

（二）即付年金

1.即付年金的含义

即付年金是指每期期初等额收付款的年金，又称先付年金。

2.终值与现值的计算

（1）终值

即付年金终值是每期期初等额收付款的复利终值之和。公式如下：

$F=A\times\left\{\left[(1+i)^{n+1}-1\right]/i-1\right\}$

式中，$\left[(1+i)^{n+1}-1\right]/i-1$为即付年金终值系数，与普通年金终值系数$\left[(1+i)^{n}-1\right]/i$相比，期数上加1，系数上减1，记作$\left[(F/A,i,n+1)-1\right]$，系数可依系数表查得；则即付年金终值等于年金与即付年金终值系数之积。

即付年金终值F，是以年金A为每期现值，采用复利计算的n笔复利终值之和。即付年金终值公式依据复利终值公式推导如下：

分别用F_1、$F_2\cdots F_{n-1}$、F_n表示$1\sim n$期的终值，用P_1、$P_2\cdots P_{n-1}$、P_n表示$1\sim n$期的现值，则有：

$F=F_1+F_2+\cdots+F_{n-1}+F_n$

$F_1=P_1(1+i)^{n}$

$F_2=P_2(1+i)^{n-1}$

……

$F_{n-1}=P_{n-1}(1+i)^{2}$

$F_n=P_n(1+i)$

因$P_1=P_2=\cdots=P_{n-1}=P_n=A$

则：

$F_1=A(1+i)^{n}$

$F_2=A(1+i)^{n-1}$

……

$F_{n-1}=A(1+i)^{2}$

$F_n=A(1+i)$

则：

$F=F_1+F_2+\cdots+F_{n-1}+F_n=A(1+i)^n+A(1+i)^{n-1}+\cdots+A(1+i)^2+A(1+i)$

可知 F 实则为等比数列之和，运用等比数列求和公式，推得：

$F=A\times\{[(1+i)^{n+1}-1]/i-1\}$

例2-7 ⸬⸬⸬

武某欲参与某投资项目，期限3年，每年年初投入10万元，投入资金均来自银行借款，借款利率为5%，问武某参与该项目一共要投入多少资金？

解答：

$A=100\ 000 \quad i=5\% \quad n=3$

$F=A\times\{[(1+i)^{n+1}-1]/i-1\}=100\ 000\times\{[(1+5\%)^{3+1}-1]/5\%-1\}=331\ 012.5$（元）

武某欲参与的项目一共要投入331 012.5元。

（2）现值

即付年金现值是每期期初等额收付款的复利现值之和。公式如下：

$P=A\times\{[1-(1+i)^{-(n-1)}]/i+1\}$

式中，$[1-(1+i)^{-(n-1)}]/i+1$ 为即付年金现值系数，与普通年金现值系数 $[1-(1+i)^{-n}]/i$ 相比，期数上减1，系数上加1，记作 $[(P/A,i,n-1)+1]$，系数可依系数表查得；则即付年金现值等于年金与即付年金现值系数之积。

即付年金现值 P，是以年金 A 为每期终值，采用复利计算的 n 笔复利现值之和。即付年金现值公式依据复利现值公式推导如下：

分别用 F_1、F_2⸱⸱⸱F_{n-1}、F_n 表示 1~n 期的终值，用 P_1、P_2⸱⸱⸱P_{n-1}、P_n 表示 1~n 期的现值，则有：

$P=P_1+P_2+\cdots+P_{n-1}+P_n$

$P_1=F_1$

$P_2=F_2(1+i)^{-1}$

……

$P_{n-1}=F_{n-1}(1+i)^{-(n-2)}$

$P_n=F_n(1+i)^{-(n-1)}$

因 $F_1=F_2=\cdots=F_{n-1}=F_n=A$

则：

$P_1=A$

$P_2=A(1+i)^{-1}$

……

$P_{n-1}=A(1+i)^{-(n-2)}$

$P_n=A(1+i)^{-(n-1)}$

则：

$P=P_1+P_2+\cdots+P_{n-1}+P_n=A+A(1+i)^{-1}+\cdots+A(1+i)^{-(n-2)}+A(1+i)^{-(n-1)}$

可知 P 实则为等比数列之和，运用等比数列求和公式，推得：

$P=A\times\{[1-(1+i)^{-(n-1)}]/i+1\}$

例2-8 ••••••

武某参与的某投资项目，期限3年，每年年初可以取得10万元的收益，如果年利率为5%，请计算该项投资收益的现值。

解答：

A=100 000　i=5%　n=3

$P=A×\{[1-(1+i)^{-(n-1)}]/i+1\}=100\ 000×\{[1-(1+5\%)^{-(3-1)}]/5\%+1\}=285\ 941.05$（元）

武某参与的该项投资收益的现值为285 941.05元。

（三）递延年金

1.递延年金的含义

递延年金是指第一次收付款时间发生在第二期或以后其他期的年金。

2.终值与现值的计算

递延年金计算以普通年金计算为基础，计算时需注意递延期与收付款期的区分与运用，用m表示递延期，用n表示收付款期。

（1）终值

递延年金终值与递延期无关，适用普通年金终值计算公式：

$F=A×[F/A,i,n]$

例2-9 ••••••

郑某欲参与某投资项目，项目期5年，从第3年起，每年年末可以取得10万元的收益，按年利率5%计算，请问该项投资收益的终值是多少？

解答：

A=100 000　i=5%　n=3

$F=A×[F/A,i,n]=100\ 000×[F/A,5\%,3]=100\ 000×3.1525=315\ 250$（元）

郑某欲参与的该项投资收益终值是315 250元。

（2）现值

方法一：先求得收付款期的年金现值，之后将前述求得的年金现值再按递延期计算其复利现值，即为递延年金现值。公式如下：

$P=A×[P/A,i,n]×[P/F,i,m]$

方法二：先按收付款期与递延期整体期限求得年金现值，之后将前述求得的年金现值再减去按递延期部分计算的年金现值，所得即为递延年金现值。公式如下：

$P=A×\{[P/A,i,m+n]-[P/A,i,m]\}$

方法三：先求得收付款期的年金终值，之后将前述求得的年金终值再按收付款期与递延期整体期限计算其复利现值，所得即为递延年金现值。公式如下：

$P=A×[F/A,i,n]×[P/F,i,m+n]$

例2-10 ••••

郑某向银行贷款一笔，年利率10%，按年复利。约定第三年开始还款，每年偿还10万元，5年还清，请计算该笔借款的金额。

解答：

$A=100\ 000$ $i=10\%$ $n=5$ $m=2$

方法一：

$P=A×[P/A,\ i,\ n]×[P/F,\ i,\ m]=100\ 000×[P/A,\ 10\%,\ 5]×[P/F,\ 10\%,\ 2]$

$\quad=100\ 000×3.7908×0.8264$

$\quad=313\ 271.72$（元）

方法二：

$P=A×\{[P/A,\ i,\ m+n]-[P/A,\ i,\ m]\}=100\ 000×\{[P/A,\ 10\%,\ 2+5]-[P/A,\ 10\%,\ 2]\}$

$\quad=100\ 000×(4.8684-1.7355)$

$\quad=313\ 290$（元）

方法三：

$P=A×[F/A,\ i,\ n]×[P/F,\ i,\ m+n]=100\ 000×[F/A,\ 10\%,\ 5]×[P/F,\ 10\%,\ 2+5]$

$\quad=100\ 000×6.1051×0.5132$

$\quad=313\ 313.732$（元）

该笔借款的金额为313 271.72元（方法一）、313 290元（方法二）、313 313.732元（方法三）。

注：不同方法的计算结果存在的差异，是由于系数计算的小数点位数造成的。

（四）永续年金

1.永续年金的含义

永续年金是指无限期等额收付款的年金。

2.终值与现值的计算

永续年金计算以普通年金计算为基础。

（1）终值

永续年金终值，适用普通年金终值公式：

$F=A×[F/A,\ i,\ n]$

$F=A×[F/A,\ i,\ n]=A×[(1+i)^{n-1}]/i$

式中，A、i有界量，n趋于无穷大，则$(1+i)^n$趋于无穷大；其终值亦趋于无穷大，故永续年金终值不能求得，仅可以描述。

（2）现值

永续年金现值，适用普通年金现值公式：

$P=A×[P/A,\ i,\ n]$

$P=A×[P/A,\ i,\ n]=A[1-(1+i)^{-n}]/i$

式中，A、i有界量，n趋于无穷大，则$(1+i)^{-n}$趋于无穷小；其现值趋于A/i，则永续年金现值公式化简为：

$P=A/i$

例2-11 ·:·:·:·:

王某在母校设立一项奖学金，计划每年颁发10万元，按年利率5%计算，该项奖学金的本金应为多少？

解答：

$A=100\ 000$ $i=5\%$

$P=A/i=100\ 000\ /5\%=2\ 000\ 000$（元）

王某在母校设立的该项奖学金的本金为2 000 000元。

▶▶▶▶▶▶ 第二节 资金的风险价值

一、资金的风险价值概述

风险是预期结果的概率性，或概率发生的不确定性。不确定性是指结果的不可预测性。风险一般可分为系统风险与非系统风险，经营风险与财务风险，或违约风险、流动风险与期限性风险等。

一般而言，风险与收益相伴，高风险要求高收益。风险价值，是投资所冒风险要求的对应报酬，即超过时间价值的额外收益。

风险价值又称风险收益或风险报酬，可以用风险报酬额或风险报酬率表示。

投资报酬一般包括无风险报酬、风险报酬与通货膨胀补贴。

公式表达：

投资报酬=无风险报酬+风险报酬+通货膨胀补贴

无风险报酬具有确定性、时间性；风险报酬具有不确定性、风险性。

二、风险衡量

风险的衡量需要概率和数理统计知识。

（一）概率

概率是对随机事件发生的可能性大小的量度。一般用P_i表示概率，$0 \leqslant P_i \leqslant 1$，$\sum P_i = 1$；肯定发生的事件概率为1，肯定不发生的事件概率为0。

（二）期望值

期望值，是以概率本身作为权重，可能发生的结果与各自的概率之积的加权平均值。一般用 $E(X)$ 表示期望值，K_i 表示可能发生的结果。期望值的公式表达如下：

$$E(X) = \sum_{i=1}^{n} P_i K_i$$

例2-12 ••••••

冯某创办的××市××木业有限公司，依据市场行情预测的公司收益及概率见表2-1。

表2-1 公司收益、概率预测表

市场行情	年收益（万元）	概率
繁荣	1 000	0.2
正常	500	0.5
疲软	100	0.3

请计算该公司年收益的期望值。

解答：

$E(X)$ =1 000×0.2+500×0.5+100×0.3=480（万元）

该公司年收益的期望值为480万元。

如果公司的收益预测为年收益率，见表2-2。

表2-2 公司收益率、概率预测表

市场行情	年收益率	概率
繁荣	20%	0.2
正常	10%	0.5
疲软	2%	0.3

请计算该企业年收益的期望值。

解答：

$E(X)$ =20%×0.2+10%×0.5+2%×0.3=9.6%

该公司年收益的期望值为9.6%。

（三）风险衡量指标

投资中，风险收益是超过时间价值部分的补偿；风险的衡量主要采用收益率的方差、标准差和标准离差率等指标。

1.方差

收益率的方差是用来表示收益率的各种可能结果与期望值之间的离散程度的一个指标。一般用 δ^2 表示方差，方差的公式表达如下：

$$\delta^2 = \sum_{i=1}^{n} [K_i - E(X)]^2 \times P_i$$

例2-13 ••••••

沿用例2-12，见表2-2，计算××市××木业有限公司的收益率方差。

解答：

$\delta^2=$（20%-9.6%）^{2}×0.2 +（10%-9.6%）^{2}×0.5 +（2%-9.6%）^{2}×0.3

$\quad\quad$=0.216%+0.0008%+0.173%

$\quad\quad$=0.3898%

××市××木业有限公司的收益率方差为0.3898%。

2.标准差

收益率的标准差是反映收益率的各种可能结果与期望值之间的离散程度的一个指标，是对方差进行开方。一般用δ表示标准差，标准差的公式表达如下：

$$\delta = \sqrt{\sum_{i=1}^{n}[K_i - E(X)]^2 \times P_i}$$

例2-14 ∷∷∷

沿用例2-12，见表2-2，计算××市××木业有限公司的收益率标准差。

解答：

$\delta^2=$（20%-9.6%）^{2}×0.2 +（10%-9.6%）^{2}×0.5 +（2%-9.6%）^{2}×0.3=0.3898%

δ=6.24%

××市××木业有限公司的收益率标准差为6.24%。

3.标准离差率

收益率的标准离差率是期望收益率标准差与期望收益率的比值，表示每单位预期收益所承担风险的大小。一般用V表示标准离差率，标准离差率的公式表达如下：

$V=\delta/E（X）$

例2-15 ∷∷∷

沿用例2-12，见表2-2，计算××市××木业有限公司的收益率标准离差率。

解答：

$E（X）$=9.6% δ=6.24%

V=6.24%/9.6%=65%

××市××木业有限公司的收益率标准离差率为65%。

风险的衡量，在预期收益率相同的情况下，方差、标准差越大，风险越大；方差、标准差越小，风险越小。在预期收益率不同的情况下，风险的衡量可采用标准离差率：标准离差率越大，相对风险越大；标准离差率越小，相对风险越小。

三、风险价值计算

（一）风险价值与投资报酬

以标准离差率（V）反映风险大小，以风险价值系数（b）反映对风险承担的回报要求，二者之积即为风险价值的大小。以R_R表示风险价值，则风险价值的公式表达如下：

$$R_R = b \times V$$

式中，V 为相对客观的风险衡量，b 为基于客观风险的主观回报要求，基于前述公式表达的 R_R，理论上是可取的，但现实中操作性较差。

例2-16 ❖❖❖❖

如果例2-15中的 V（65%）是××市××木业有限公司某一产品项目收益的标准离差率，且知其风险价值系数 b 为30%，请计算××市××木业有限公司该产品项目的风险价值。

解答：

$R_R = b \times V = 30\% \times 65\% = 19.5\%$

××市××木业有限公司该产品项目的风险价值为19.5%。

如果不考虑通货膨胀因素，则投资报酬由无风险报酬和风险报酬组成；以 R_f 表示无风险报酬，R 表示投资报酬，则投资报酬的公式表达如下：

$$R = R_f + R_R$$

R 是投资者所要求的最低报酬率，即必要报酬率。无风险报酬率（R_f）通常是包含通货膨胀补偿率的利率，一般可用短期国债报酬率代替；风险报酬率（R_R）用 b 与 V 的乘积表达。

例2-17 ❖❖❖❖

沿用例2-16，如果短期国债报酬率为2.7%，请计算××市××木业有限公司该产品项目的必要报酬率。

解答：

$R = R_f + R_R = 2.7\% + 19.5\% = 22.2\%$

××市××木业有限公司该产品项目的必要报酬率为22.2%。

（二）投资报酬的资本资产定价模型表达

风险报酬即风险价值，风险报酬率（R_R）借助资本资产定价模型（$CAPM$）的公式表达：

$$R_R = \beta \times (R_m - R_f)$$

式中，R_m 表示市场收益，（$R_m - R_f$）表示市场风险溢酬，β 表示系统风险系数。

例2-18 ❖❖❖❖

如果与××市××木业有限公司某产品项目对应的整个产品项目的市场收益 R_m 为7%，且知短期国债报酬率为2.7%、系统风险系数 β 为2，请依资本资产定价模型计算××市××木业有限公司该产品项目的风险报酬率。

解答：

$R_R = \beta \times (R_m - R_f) = 2 \times (7\% - 2.7\%) = 8.6\%$

依据资本资产定价模型计算的××市××木业有限公司该产品项目的风险报酬率为8.6%。

必要报酬率（R）借助资本资产定价模型（$CAPM$）的公式表达：

$$R = R_f + \beta \times (R_m - R_f)$$

例2-19 ∴∴∴∴

沿用例2-18，请依资本资产定价模型计算××市××木业有限公司该产品项目的必要报酬率。

解答：

$R=R_f+\beta\times（R_m-R_f）=2.7\% + 2\times（7\%-2.7\%）=11.3\%$

依据资本资产定价模型计算的××市××木业有限公司该产品项目的必要报酬率为11.3%。

拓展阅读

时间价值的知识结构

关键词：教师主导；原有知识；知识结构原则；教学反思

文章导读：《时间价值的知识结构》，以本章"资金的时间价值"内容为例，阐释了知识结构原则相对于教师教学、学生学习的重要性。通过阅读、学习本文，启发教师更好地以知识结构原则为基础进行课程阐释，帮助学生更好地进行知识建构；知识结构原则是一部教材的灵魂架构。本文以小见大，本教材亦将知识结构原则贯穿全书。

一、教学中教师主导的基础——学生的原有知识基础

教学，教与学，主体为教师与学生，实则真正的主体是学生，教师则是发挥主导作用。授课效果，有学生的原因，亦有教师的原因，但内因在学生，外因在教师，外因通过内因起作用，这就是主导的不可或缺。

课程的讲授，首先需要备课，备课的基础，首先是"备学生"，即了解学生，了解学生的原有知识基础，这是教师进行主导的重要前提。

二、时间价值的知识结构

"财务管理"课程，一门以数学、经济学、管理学等为基础的专业课程，如何能够让学生更好地接受、理解、习得课程新的知识，知识结构原则的理解与把握显得尤为重要。

教学效果的改善与提升是各因素综合作用的结果，现取"学生的原有知识基础"一点探讨之。以"财务管理"课程时间价值章节教学为例，具体实例解析如下：

（一）单利公式讲授

终值公式：$F=P（1+i\times n）$

本部分讲解中，公式是基于中学以前数学知识的运用。

现值公式：$P=F（1+i\times n）^{-1}$

本部分讲解中，公式是基于单利终值知识的运用。

（二）复利公式讲授

终值公式：$F=P(1+i)^n$

本部分讲解中，公式是基于单利终值知识的运用。

现值公式：$P=F(1+i)^{-n}$

本部分讲解中，公式是基于复利终值知识的运用。

（三）普通年金公式讲授

终值公式：$F=A\times[(1+i)^n-1]/i$

本部分讲解中，公式是基于复利终值、等比数列求和公式等知识的运用。

现值公式：$P=A[1-(1+i)^{-n}]/i$

本部分讲解中，公式是基于复利现值、等比数列求和公式等知识的运用。

（四）即付年金公式讲授

终值公式：$F=A\times\{[(1+i)^{n+1}-1]/i-1\}$

本部分讲解中，公式是基于复利终值、普通年金终值、等比数列求和公式等知识的运用。

现值公式：$P=A\times\{[1-(1+i)^{-(n-1)}]/i+1\}$

本部分讲解中，公式是基于复利现值、普通年金现值、等比数列求和公式等知识的运用。

（五）递延年金公式讲授

终值公式：$F=A\times[F/A, i, n]$

本部分讲解中，公式是基于普通年金终值知识的运用。

现值公式：

公式一：$P=A\times[P/A, i, n]\times[P/F, i, m]$

本部分讲解中，公式是基于普通年金现值、复利现值等知识的运用。

公式二：$P=A\times\{[P/A, i, m+n]-[P/A, i, m]\}$

本部分讲解中，公式是基于普通年金现值知识的运用。

公式三：$P=A\times[F/A, i, n]\times[P/F, i, m+n]$

本部分讲解中，公式是基于普通年金终值、复利现值等知识的运用。

（六）永续年金公式讲授

终值公式：$F=A\times[F/A, i, n]=A\times[(1+i)^n-1]/i$

上式中，A、i有界量，n趋于无穷大，则$(1+i)^n$趋于无穷大，其终值趋于无穷大；永续年金终值不能求得，但可以描述，其终值公式同普通年金终值公式。

本部分讲解中，公式是基于普通年金终值知识的运用。

现值公式：$P=A\times[P/A, i, n]=A[1-(1+i)^{-n}]/i$

上式中，A、i有界量，n趋于无穷大，则$(1+i)^{-n}$趋于无穷小，其现值趋于A/i，则永续年金现值公式化简为$P=A/i$。

本部分讲解中，公式是基于普通年金现值知识的运用。

三、知识结构原则思考与教学反思

新旧知识有效衔接，运用原有知识进行新知识讲授，符合教学规律，是知识结构原则的运用。教师以学生原有知识为基础进行主导，为学生提供参与学习的契机，才有课堂互动的可能，甚至激发学生的兴趣，形成较好的课堂氛围。本章节如此，本课程亦如此，如财务管理课程时间价值章节又是筹资管理章节、投资管理章节教学开展的知识基础，推及至财务管理课程，知识结构原则，有助于学生构建学科知识体系。因此，课程的讲授不应脱离知识结构原则，知识结构原则对于学生学科知识习得体系化的意义重大。

教师是一个持续成长的过程，是一个学习和研究的职业，是灵魂的自己与现实的自己不断对话的存在，教师专业发展必然要求教师进行教学反思。教学反思，是教师的成长之路上不可或缺的存在；知识结构原则，是教师授课必须坚守的原则、学生知识体系构架必须深谙的基础。

课后习题

一、选择题

1. 下列结果最小的项是（　　　）。

A.（P/F，5%，5）　　　　　　　　B.（F/P，5%，5）

C.（P/A，5%，5）　　　　　　　　D.（F/A，5%，5）

2. 下列有关即付年金现值系数的描述，不正确的是（　　　）。

A. 即付年金现值系数可以表述为（P/A，i，$n-1$）+1

B. 即付年金现值系数等于（P/A，i，n）×（$1+i$）

C. 即付年金现值系数可以表述为 $\left[(1+i)^{n-1}\right]/i$

D. 与普通年金现值系数相比，即付年金现值系数期数上减1，系数上加1

3. ××市××木业有限公司进行投资，其投资收益率为12%，无风险收益率为6%，标准离差率为60%，则对应的风险价值系数为（　　　）。

A. 0.06　　　　　　B. 0.09　　　　　　C. 0.10　　　　　　D. 0.12

4. 甲方案和乙方案是两个预期收益率不同的方案，要对它们的风险程度进行比较，应该使用的指标是（　　　）。

A. 期望值　　　　　B. 平方差　　　　　C. 标准差　　　　　D. 标准离差率

5. 下列有关复利终值与现值关系的描述中，正确的有（　　　）。

A. 复利的终值与现值为互逆运算

B. 复利的终值与现值不一定是互逆运算

C. 复利的终值系数与现值系数互为倒数

D. 复利的终值系数与现值系数不一定互为倒数

6. 有甲、乙两个投资项目，收益率的期望值分别为15%和23%，标准差分别为30%和33%，则下列描述中不正确的有（　　　）。

A. 甲项目风险大　　　　　　　　　　B. 乙项目风险大

C. 甲、乙项目风险相同　　　　　　　D. 甲、乙项目风险无法比较

7. 下列表述中符合递延年金特点的有（　　　）。

A. 终值计算与递延期无关　　　　　　B. 第一期没有收、付额

C.终值计算与普通年金不同　　　　　　D.现值计算与普通年金相同

二、计算题

1.林某于2024年1月1日存入银行20万元，请问2024年12月31日林某最多可取出多少钱？（假定此期间年利率为5%）

2.孙某于2022年1月1日赊购价值20万元的设备一台，合同约定于2024年12月31日一次付清款项（本息合计），请问孙某购买的该设备最终共支付了多少钱？（合同约定采用5%的利率按年复利计息）

3.××市××塑业有限公司的某项采购业务，付款方式有如下两种选择：

（1）一次性支付30万元完成采购付款；

（2）分期付款，每年年初支付8万元，连续支付4年，完成该项采购付款业务。

请问公司会选择哪种付款方式？（按现值计算，本题涉及利率为10%）

三、综合题

（一）2024年12月31日，缤纷（女）满20周岁，为某高校财务管理专业大一年级的学生，个人历年来"压岁"钱合计为P。

1.20岁生日当天，缤纷决定将"压岁"钱全部储蓄，如果银行存款利率为i，则n年后就该储蓄的"压岁"钱的本利和F是多少？

2.若缤纷没有进行储蓄，而是在20岁生日当天选择了全部投资，其投资项目的报酬率为i，则N年后就该投资的"压岁"钱的本利和F是多少？

3.缤纷为孝敬父母，计划毕业后实施年金计划，每年年底为父母储备A元年金，问年金计划实施n年后的终值F是多少？（本题涉及利率为i）

4.续接第3题，缤纷孝敬父母的年金计划，因毕业后工作收入较低、压力较大，计划推迟至毕业M年后开始执行，计划执行N年，请计算缤纷毕业那年年初该计划的现值PN。（折现率为i）

5.毕业10年后，缤纷创立了××市××塑业有限公司，公司成立五年后，缤纷决定设立"富华永久员工激励基金"，每年定额30万元用于奖励员工，请计算该笔基金所需资金。（本题涉及利率按10%计算）

（二）缤纷创立的××市××塑业有限公司下一年度有A、B两个投资项目可选，预算均为1 000万元，具体收益预测信息见表2-3。

表2-3　　　　　　　　　　　　具体收益预测信息

市场行情	概率	A项目收益率	B项目收益率
好	0.3	20%	30%
一般	0.5	10%	10%
差	0.2	5%	1%

1.请计算A、B项目的各自期望值；

2.请计算A、B项目的各自方差；

3.请计算 A、B 项目的各自标准差；

4.请计算 A、B 项目的各自标准离差率；

5.假定风险价值系数为 10%，请计算 A、B 项目的各自风险价值；

6.请根据上述分析，综合评判 A、B 项目，作出投资选择。

四、延伸学习建议内容

1.实际利率与名义利率之间的推算。

2.根据复利计算公式求利率 i、期限 n。

3.依据普通年金终值（现值）公式求年金（偿债基金或投资回收额）。

4.系统风险、非系统风险，经营风险、财务风险，违约风险、流动风险、期限性风险。

第三章

资本成本、资本结构与杠杆原理

主要知识结构体系：

什么是个别资本成本？什么是综合资本成本？

资本成本有何作用？资本成本如何计算？

什么是资本结构？如何确定最佳资本结构？

什么是财务杠杆？什么是经营杠杆？财务杠杆、经营杠杆如何衡量、怎么利用？

本章主要围绕上述问题进行课程的基本性阐释。

▶▶▶▶▶▶ 第一节　资本成本

一、资本成本概述

（一）资本成本的概念

资本成本，即筹集、使用资金的代价。资本成本是资金时间价值与风险价值的具化体现，包括筹资费和用资费。

筹资费，即为获取资金而付出的代价。筹资费一般是一次性支付、数额固定，可视同对筹资额的扣减，如发行费、手续费。用资费，即使用资金而付出的代价。用资费持续性产生，并随资金额度的大小和使用期限的长短而变动，如股利、利息。

资本成本有广义和狭义之分，本部分以狭义的长期资本成本为研究对象。

（二）资本成本的表示方式

资本成本可以绝对数额的方式表示，也可以相对比率的方式表示；一般使用相对数资本成本率表示，即用资费用比有效筹资额（筹资额减筹资费）的商，通常直接称资本成本。公式表达如下：

$$K=D/（P-F）=D/[P（1-f）]$$

式中，K 为资本成本；D 为每期用资费用；P 为筹资额；F 为筹资费；f 为筹资费率。

上述是资本成本的基本公式，因具体的债权、股权筹资方式会略有变化。

（三）资本成本的分类

资本成本按构成资金的种类数目分为个别资本成本、综合资本成本。

个别资本成本是单种筹资方式的资本成本。综合资本成本是对组成的各项个别资本成本进行加权而得到的多种筹资方式的总的资本成本，又称加权平均资本成本。

（四）资本成本的作用

资本成本是企业筹资、投资、经营业绩评价的主要依据。

企业筹资时，资本成本可以作为具体筹资方式选择的衡量标准，如个别资本成本间的计算比较；资本成本还可以作为资本结构决策的主要依据，如不同方案下综合资本成本的计算比较。

企业投资时，只有投资收益率高于资本成本时，投资才具有可行性。

相对于筹资和投资，对于企业经营，资本成本可以为企业的整体经营业绩考核提供评价参考。

二、资本成本计算

资金的来源分为债务性资金来源与权益性资金来源。债务性资金来源，如银行借款融资、债券融资等；权益性资金来源，如优先股筹资、普通股筹资等。

（一）个别资本成本

1. 债务性融资的资本成本

本部分主要介绍一次性还本、分期付息的债务性融资的银行借款资本成本与债券资本成本。

（1）银行借款资本成本

银行借款利息在税前支付，具有抵税作用。银行借款资本成本的公式由基本公式经变化得到，如下所示：

$$K_l = I_l(1-T)/(L-F) = I_l(1-T)/[L(1-f_l)]$$

式中，K_l 为银行借款资本成本；I_l 为每期银行借款利息（用资费用）；T 为所得税税率；L 为银行借款数额（筹资额）；F 为银行借款筹资费；f_l 为银行借款筹资费率。

例 3-1 ⋯⋯⋯⋯

××市××纸业股份有限公司取得长期借款200万元，年利率5%，期限10年，每年付息一次，到期一次还本，筹措借款费用率2%，企业所得税税率25%，请计算该笔借款的资本成本。

解答：

$$K_l = I_l(1-T)/(L-F) = I_l(1-T)/[L(1-f_l)]$$
$$= 200×5%×（1-25%）/（200-200×2%）$$
$$= 10×（1-25%）/[200×（1-2%）]$$
$$= 3.83%$$

××市××纸业股份有限公司该笔借款的资本成本为3.83%。

因 $I_l = L × R_l$，所以银行借款资本成本的公式 $K_l = I_l(1-T)/(L-F) = I_l(1-T)/[L(1-f_l)]$ 可以简化为：

$$K_l = R_l(1-T)/(1-f_l)$$

式中，R_l 为银行借款利率。

例3-2 ●●●●●

沿用例3-1，××市××纸业股份有限公司取得长期借款200万元，年利率5%，期限10年，每年付息一次，到期一次还本，筹措借款费用率2%，企业所得税税率25%，请计算该笔借款的资本成本。

解答：

$$K_l = R_l(1-T)/(1-f_l)$$

$$= 5\% \times (1-25\%) / (1-2\%)$$

$$= 3.83\%$$

××市××纸业股份有限公司该笔借款的资本成本为3.83%。

如果不考虑筹资费用，银行借款资本成本的公式 $K_l = R_l(1-T)/(1-f_l)$ 可进一步简化为：

$$K_l = R_l(1-T)$$

例3-3 ●●●●●

沿用例3-1，××市××纸业股份有限公司取得长期借款200万元，年利率5%，期限10年，每年付息一次，到期一次还本，无筹资费用，企业所得税税率25%，请计算该笔借款的资本成本。

解答：

$$K_l = R_l(1-T)$$

$$= 5\% \times (1-25\%)$$

$$= 3.75\%$$

××市××纸业股份有限公司该笔借款的资本成本为3.75%。

（2）债券资本成本

债券利息同银行借款利息一样，在税前支付，具有抵税作用。债券资本成本的公式由基本公式经变化得到，如下所示：

$$K_b = S \times R_b(1-T)/(B-F) = S \times R_b(1-T)/[B(1-f_b)]$$

式中，K_b 为债券资本成本；S 为债券的票面价值；R_b 为债券的票面利息率；T 为所得税税率；B 为债券筹资额；F 为债券筹资费；f_b 为债券筹资费率。

因 $I_b = S \times R_b$，所以债券资本成本的公式 $K_b = S \times R_b(1-T)/(B-F) = S \times R_b(1-T)/[B(1-f_b)]$ 简化为：

$$K_b = I_b(1-T)/(B-F) = I_b(1-T)/[B(1-f_b)]$$

式中，I_b 为债券利息。

例3-4 ●●●●●

××市××纸业股份有限公司发行面值1 000元的债券10 000张，期限10年，票面利率4%，每年付息一次，发行费率3%，所得税税率25%，债券按1 100元发行，请计算该债券的资本成本。

解答：

$$K_b = S \times R_b(1-T)/(B-F) = S \times R_b(1-T)/[B(1-f_b)]$$

= 1 000×4%×（1-25%）/（1 100-1 100×3%）= 2.81%

××市××纸业股份有限公司该债券的资本成本为2.81%。

2.权益性融资的资本成本

本部分主要介绍权益性融资的优先股资本成本、普通股资本成本与留存收益资本成本。

（1）优先股资本成本

优先股股息固定，但税后定期支付，没有抵税作用。优先股资本成本的公式与基本公式一致，经更换表意字母后表达如下：

$$K_p = D/(P_0 - F) = D/[P_0(1 - f)]$$

式中，K_p 为优先股资本成本；D 为优先股每年股利（用资费用）；P_0 为发行的优先股总额（筹资额）；F 为优先股筹资费；f 为优先股筹资费率。

例3-5 ·::::::

××市××纸业股份有限公司发行优先股10万股，计1 000万元，每股股利10元，发行费率5%，请计算该优先股的资本成本。

解答：

$$K_p = D/(P_0 - F) = D/[P_0(1 - f)]$$
$$= 10×100 000/（10 000 000-10 000 000×5%）$$
$$= 10.53\%$$

××市××纸业股份有限公司该优先股的资本成本为10.53%。

（2）普通股资本成本

普通股与优先股同属权益性融资，但普通股股利并不一定是固定的。本部分采用普通股现值模型估算其资本成本：

$$P_c(1 - f_c) = \sum_{t=1}^{\infty} D_t/(1 + K_c)^t$$

式中，P_c 为普通股的发行价格；f_c 为普通股筹资费率；D_t 为普通股每年股利（用资费用）；K_c 为普通股资本成本。

上述为现值模型估算的普通股资本成本的基本模型。

如果每年的股利固定不变，普通股的资本成本的计算公式则同永续年金现值的计算公式一样：

$$K_c = D/[P_c(1 - f_c)]$$

式中，D 为固定不变的股利。

例3-6 ·::::::

××市××纸业股份有限公司发行普通股100万股，计10 000万元，每股股利15元，发行费率5%，请计算该普通股的资本成本。

解答：

$$K_c = D/[P_c(1 - f_c)]$$
$$= 15/[（10 000/100）×(1-5\%)]$$
$$= 15.79\%$$

××市××纸业股份有限公司该普通股的资本成本为15.79%。

如果每年的股利固定增长，则普通股的资本成本计算公式如下：

$K_c = D_1 / [P_c(1 - f_c)] + g$

式中，D_1为普通股未来第一年分派的股利额；g表示股利增长率。

公式推导：

设：D_0表示当年股利，D_t表示第t年股利。

则：$D_t = D_0 \times (1 + g)^t$

代入下式：

$P_c(1 - f_c) = \sum_{t=1}^{\infty} D_t / (1 + K_c)^t$

得：

$P_c(1 - f_c) = \sum_{t=1}^{\infty} D_0 \times (1 + g)^t / (1 + K_c)^t = \sum_{t=1}^{\infty} D_0 \times [(1 + g)/(1 + K_c)]^t$

因$K_c > g$，运用等比数列求和公式，得：

$P_c(1 - f_c) = D_1 / (K_c - g)$

$K_c = D_1 / [P_c(1 - f_c)] + g$

例3-7 ·:·:·:·:·:

××市××纸业股份有限公司发行普通股100万股，计10 000万元，发行费率5%，公司董事会根据战略需要，决定下一年每股股利提升至15元/股，之后每年的股利按2%固定增长。请计算该普通股的资本成本。

解答：

$K_c = D_1 / [P_c(1 - f_c)] + g$

$= 15 / [(10\ 000/100) \times (1 - 5\%)] + 2\%$

$= 17.79\%$

××市××纸业股份有限公司该普通股的资本成本为17.79%。

3.留存收益资本成本

留存收益与普通股性质相同，留存收益资本成本的计算适用普通股资本成本的计算公式，但公式中不涉及筹资费项目。

（二）综合资本成本

综合资本成本计算公式如下：

$K_w = \sum_{q=1}^{n} W_q K_q$

式中，K_w为综合资本成本；W_q为第q种资金比重，一般以其在总资金中所占比重计；K_q为第q种资本的成本。

例3-8 ·:·:·:·:·:

××市××纸业股份有限公司共有资金200万元，其中银行借款60万元，优先股20万

元，普通股100万元，留存收益20万元，各资本的成本分别为6%、12%、15.5%、15%，请计算该公司的综合资本成本。

解答：

$$K_w = \sum_{q=1}^{n} W_q K_q$$

= 6%×60/200+12%×20/200+15.5%×100/200+15%×20/200

= 12.25%

××市××纸业股份有限公司的综合资本成本为12.25%。

▶▶▶▶▶▶ 第二节　资本结构

一、资本结构概述

(一) 资本结构的概念

资金的来源有债务性资金来源与权益性资金来源之分，本部分以狭义的长期资金为研究对象，即研究长期资本结构。资本结构，即各种来源资金的构成及其相应比例关系。资本结构也可以说是研究负债资金的比例问题。

(二) 意义

从资本成本角度，负债筹资方式成本低，并且具有抵税作用，所以，一定程度的负债筹资有利于降低企业资本成本；债务性资本成本具有的固定性特征，可以发挥财务杠杆的作用。杠杆作用的存在，使收益增加；债务性资本成本的固定性，会加大企业的财务风险，风险与收益相伴，影响企业的利润，甚至最终导致企业破产。因此，需要权衡负债筹资及其比例，以寻找相宜的资本结构。

二、最佳资本结构的确定

从一般意义上讲，最佳资本结构是指企业综合资本成本最低、企业价值最大的资本结构。

(一) 比较资本成本法

比较资本成本法，是以计算的各备选方案的综合资本成本为依据确定资本结构的方法。比较资本成本法是确定资本结构的一种常用方法，具体请参阅资本成本部分，此处不再赘述。

（二）每股利润无差别点法

负债筹资的杠杆作用有助于增加股东财富，但同时面临按时偿还本息的财务风险，负债的偿还能力是建立在未来盈利能力基础之上的。负债筹资的存在，需要将每股利润（EPS）与息税前利润（$EBIT$）联系起来，系统思考资本结构问题。

以资本结构与每股利润之间的关系作为确定合理资本结构的方法，即息税前利润-每股利润分析法（$EBIT$-EPS分析法）。该方法以确定各筹资方式下每股利润的无差别点为关键，故又称为每股利润无差别点法。

每股利润无差别点法的计算公式如下：

$$[(EBIT_0 - I_1)(1 - T) - D_1]/N_1 = [(EBIT_0 - I_2)(1 - T) - D_2]/N_2$$

式中，$EBIT_0$为每股利润无差别点处的息税前利润；I_1、I_2为不同筹资方式下的年利息；T为所得税税率；D_1、D_2为不同筹资方式下的优先股股利；N_1、N_2为不同筹资方式下流通在外的普通股股数。

公式推导：

每股利润公式如下：

$$EPS = [(EBIT - I)(1 - T) - D]/N$$

则：

按筹资方式一，每股利润描述如下：

$$EPS_1 = [(EBIT_1 - I_1)(1 - T) - D_1]/N_1$$

按筹资方式二，每股利润描述如下：

$$EPS_2 = [(EBIT_2 - I_2)(1 - T) - D_2]/N_2$$

现实中，I、T、D、N为常数，则每股利润公式即为关于EPS与$EBIT$的二元一次方程，在坐标轴中是一条直线。

因$N_1 \neq N_2$，则直线$EPS_1 = [(EBIT_1 - I_1)(1 - T) - D_1]/N_1$与直线$EPS_2 = [(EBIT_2 - I_2)(1 - T) - D_2]/N_2$的斜率不同，两线相交，交点处$EPS_1 = EPS_2$，即两种不同筹资方式的每股利润无差别点，用$EPS$替代$EPS_1$、$EPS_2$，同时$EBIT_1 = EBIT_2$，用$EBIT_0$替代$EBIT_1$、$EBIT_2$，则有：

$$[(EBIT_0 - I_1)(1 - T) - D_1]/N_1 = [(EBIT_0 - I_2)(1 - T) - D_2]/N_2$$

例3-9 ·······

××市××纸业股份有限公司因对外投资需要，需筹资15万元，可选择发行股票或发行债券筹资，具体资料详见表3-1。

表3-1　　　　　　　　　　　　资本结构变化情况表　　　　　　　　　　单位：万元

筹资方式	原资本结构	增资后资本结构	
		增发普通股	增发债券
公司债券	10	10	25
普通股	20	30	20

筹资方式	原资本结构	增资后资本结构	
		增发普通股	增发债券
资本公积	25	30	25
留存收益	30	30	30
资金总额	85	100	100

注：原有普通股面值为10元/股，新股发行价为15元/股，共发行10 000股新股，股票发行后股本增加10万元，资本公积增加5万元；公司以债券方式筹资的资本成本为8%；公司适用的所得税税率为40%。

当预计的息税前利润为6万元时，请确定资金筹集方案。

解答：

$[(EBIT_0 - I_1)(1 - T) - D_1]/N_1 = [(EBIT_0 - I_2)(1 - T) - D_2]/N_2$

T为40%，I、N依题计算得：

原债券利息：100 000×8%=8 000（元）

增发债券后债券利息：250 000×8%=20 000（元）

原有普通股股数：200 000/10=20 000（股）

增发普通股后普通股股数：20 000+10 000=30 000（股）

代入上述公式得：

$[(EBIT_0 - 8 000) \times (1 - 40\%)]/30 000= [(EBIT_0 - 20 000) \times (1 - 40\%)]/20 000$

$EBIT_0 = 44 000$元

60 000元>44 000元，应选择增发债券方式筹资。

(三) 公司价值分析法

如果公司的价值可以通过市场准确衡量，那么假设公司价值为V，可以用股票的总价值S（股利现值）和债券的总价值B（面值与市值一致）之和表示。

公司价值的公式表达如下：

$V=S+B$

其中，股票总价值的公式表达如下：

$S = [(EBIT - I)(1 - T)]/R$

式中，R为权益资本成本。

权益资本成本R可采用资本资产定价模型计算：

$R = R_f + \beta \times (R_m - R_f)$

▶▶▶▶▶▶ 第三节　杠杆原理

杠杆原理即杠杆平衡条件。杠杆平衡，需作用在杠杆上的两个力矩（力矩为力与力臂的乘积）相等。使用杠杆时，若想省距离，就应该选用动力臂比阻力臂短的杠杆；若想省力，就应该选用动力臂比阻力臂长的杠杆。

在财务管理中，特定费用（如优先股股利、债券利息等固定的财务费用）的存在而导致的当某一变量以较小幅度变动时，另一相关变量会以较大幅度变动，也存在着相关的杠杆效应，具体有财务杠杆、经营杠杆与复合杠杆三种杠杆效应。

一、财务杠杆

（一）财务杠杆的含义

由资本成本计算部分可知，债务利息和优先股股利通常是固定不变的。在其他条件不变的情况下，息税前利润的增加会降低单位利润的固定财务费用负担，增加普通股股东的股利，使得普通股每股股利的变动幅度大于息税前利润的变动幅度，是一种杠杆效应的存在。

这种由于固定债务利息和优先股股利等固定财务费用的存在而使得普通股每股股利的变动幅度大于息税前利润的变动幅度的杠杆效应，即财务杠杆，又称筹资杠杆、融资杠杆。

（二）财务杠杆系数

只要企业存在固定财务费用，就存在财务杠杆。不同企业或同一企业不同固定财务费用的财务杠杆效应的大小不同，通常采用财务杠杆系数这一指标衡量。

财务杠杆系数是指普通股每股利润变动率相对于息税前利润变动率的倍数。

公式描述如下：

$DFL = (\Delta EPS/EPS) / (\Delta EBIT/EBIT)$

式中，DFL 为财务杠杆系数；ΔEPS 为每股利润变动额；$\Delta EBIT$ 为息税前利润变动额。

从实际出发，利用基期数据测试下一年度的财务杠杆系数，可将上述公式进行转换，转换后公式描述如下：

$DFL = EBIT / [EBIT - I - D/(1-T)]$

注意，利用基期数据测试下一年度的财务杠杆系数的条件是前后两年的 I、D、T、N 数据保持不变。

公式推导：

财务杠杆系数公式：

$DFL = (\Delta EPS/EPS) / (\Delta EBIT/EBIT)$

可设：

上一期每股利润为 EPS_1，本期每股利润为 EPS_2；上一期息税前利润为 $EBIT_1$，本期

息税前利润为 $EBIT_2$。

则：

每股利润变动额：

$\Delta EPS = EPS_2 - EPS_1$

息税前利润变动额：

$\Delta EBIT = EBIT_2 - EBIT_1$

则：

财务杠杆系数公式：

$DFL = [(EPS_2 - EPS_1)/EPS_1] / [(EBIT_2 - EBIT_1)/EBIT_1]$

每股利润公式如下：

$EPS = [(EBIT - I)(1 - T) - D]/N$

则：

上一期每股利润描述如下：

$EPS_1 = [(EBIT_1 - I_1)(1 - T) - D_1]/N_1$

本期每股利润描述如下：

$EPS_2 = [(EBIT_2 - I_2)(1 - T) - D_2]/N_2$

则：

每股利润变动额：

$\Delta EPS = EPS_2 - EPS_1$
$\qquad = [(EBIT_2 - I_2)(1 - T) - D_2]/N_2 - [(EBIT_1 - I_1)(1 - T) - D_1]/N_1$

又因：

上一期与本期前后两年的 I、D、T、N 数据一致，即保持不变。

则有：

$EPS_2 = [(EBIT_2 - I_1)(1 - T) - D_1]/N_1$

则：

$\Delta EPS = EPS_2 - EPS_1$
$\qquad = [(EBIT_2 - I_1)(1 - T) - D_1]/N_1 - [(EBIT_1 - I_1)(1 - T) - D_1]/N_1$
$\qquad = (EBIT_2 - EBIT_1)(1 - T)/N_1$

则：

$DFL = (\Delta EPS/EPS)/(\Delta EBIT/EBIT)$
$\qquad = [(EPS_2 - EPS_1)/EPS_1] / [(EBIT_2 - EBIT_1)/EBIT_1]$
$\qquad = \{[(EBIT_2 - EBIT_1)(1 - T)/N_1]/EPS_1\} / [(EBIT_2 - EBIT_1)/EBIT_1]$
$\qquad = EBIT_1/[EBIT_1 - I_1 - D_1/(1 - T)]$

推导出的公式中，DFL 为本年的财务杠杆系数，$EBIT_1$、I_1、D_1、T 均为上一期的数据；同理可知，相对下一期财务杠杆系数的计算，则可使用本期数据，即可利用基期数据测试下一年度的财务杠杆系数。

上述推导出结论的公式中的 $EBIT_1$、I_1、D_1 去除下标，注明基期数据，公式表述如下：

$$DFL = EBIT / \left[EBIT-I-D / (1-T) \right]$$

对于无优先股的企业，上述公式可简化如下：

$$DFL=EBIT / (EBIT-I)$$

由公式可知，影响财务杠杆系数的因素包括息税前利润、资金规模、债务资金比例、债务利率、优先股股利、所得税税率。

固定财务费用越大，财务杠杆系数就越大，在企业不亏损的情况下，只要有财务费用存在，财务杠杆系数总大于1。

利用财务杠杆负债经营具有积极作用，但也增加了财务风险，所以企业要权衡，合理利用财务杠杆。

二、经营杠杆

企业负债经营，会带来财务风险，负债的增加，则会导致财务风险的上升；适度负债，把控财务风险，提升企业未来的盈利能力，增加息税前利润，保障负债偿还。

降低单位变动成本，可以提升边际贡献，进而可以增加息税前利润。

(一) 成本习性

成本习性是指成本总额与业务量之间在数量上的依存关系。依此将成本划分为固定成本和变动成本。

在一定的时间与业务量条件下不随业务量变化而变化的成本（总额）是固定成本；在一定的时间与业务量条件下随业务量变化成正比例变化的成本（总额）是变动成本。固定成本（如直线法计提的折旧费）随着产量的增加，分配到单位产品中的固定成本在逐渐减小；单位变动成本（如直接材料、直接人工）不随产量的增加而变化。

实际中，除固定成本和变动成本外，还有混合成本，即不能简单地归入固定成本或变动成本中的成本。理论上，假定已作划分并分别计入固定成本和变动成本之中。

总成本可以公式描述如下：

$$y = f + vq$$

式中，y 为总成本；f 为固定成本；v 为单位变动成本；q 为产（销）量。

实践中，若固定成本 f、单位变动成本 v 已知，则总成本的公式则是关于总成本 y 与产（销）量 q 的二元一次直线方程。

(二) 边际贡献

销售收入减去变动成本，即边际贡献；单价减去单位变动成本，即单位边际贡献。边际贡献、单位边际贡献，可用公式描述如下：

$$M = mq = (p - v)q$$
$$m = p - v$$

式中，M 为总的边际贡献；m 为单位边际贡献；p 为单价。

（三）息税前利润

息税前利润是指企业支付利息、交纳所得税前的利润。息税前利润可用公式描述如下：

$$EBIT = pq - vq - f = (p - v)q - f = mq - f = M - f$$

（四）经营杠杆的含义和经营杠杆系数

1.经营杠杆的含义

在其他条件不变的情况下，产（销）量的增加会降低单位固定成本，提高单位利润，使息税前利润增长率大于产销量增长率。

这种因固定成本的存在而导致的息税前利润的变动率大于产（销）量的变动率的杠杆效应，为经营杠杆效应，又称营业杠杆效应、营运杠杆效应。

2.经营杠杆系数

只要企业存在固定成本，就存在经营杠杆。不同企业或同一企业不同固定成本的经营杠杆效应的大小不同，通常采用经营杠杆系数这一指标衡量。

经营杠杆系数是指息税前利润变动率相当于产（销）量变动率的倍数。

公式描述如下：

$$DOL = (\Delta EBIT/EBIT)/(\Delta q/q)$$

式中，DOL 为经营杠杆系数；Δq 为产（销）变动量。

从实际出发，利用基期数据测试下一年度的经营杠杆系数，可将上述公式进行转换，转换后公式描述如下：

$$DOL = (EBIT + f)/EBIT$$
$$= M/(M - f)$$
$$= mq/(mq - f)$$
$$= q(p - v)/[q(p - v) - f]$$

注意，利用基期数据测试下一年度的经营杠杆系数的条件是前后两年的 p、v、f 数据保持不变。

公式推导：

经营杠杆系数公式：

$$DOL = (\Delta EBIT/EBIT)/(\Delta q/q)$$

可设：

上一期息税前利润为 $EBIT_1$，本期息税前利润为 $EBIT_2$；上一期产（销）量为 q_1，本期产（销）量为 q_2。

则：

息税前利润变动额：

$$\Delta EBIT = EBIT_2 - EBIT_1$$

产（销）变动量：

$$\Delta q = q_2 - q_1$$

则：

经营杠杆系数公式：

$$DOL = [(EBIT_2 - EBIT_1)/EBIT_1] / [(q_2 - q_1)/q_1]$$

息税前利润公式如下：

$$EBIT = pq - vq - f = (p - v)q - f = mq - f = M - f$$

则：

上一期息税前利润描述如下：

$$EBIT_1 = p_1q_1 - v_1q_1 - f_1 = (p_1 - v_1)q_1 - f_1 = m_1q_1 - f_1 = M_1 - f_1$$

本期息税前利润描述如下：

$$EBIT_2 = p_2q_2 - v_2q_2 - f_2 = (p_2 - v_2)q_2 - f_2 = m_2q_2 - f_2 = M_2 - f_2$$

则：

息税前利润变动额：

$$\begin{aligned}
\Delta EBIT &= EBIT_2 - EBIT_1 \\
&= (p_2q_2 - v_2q_2 - f_2) - (p_1q_1 - v_1q_1 - f_1) \\
&= [(p_2 - v_2)q_2 - f_2] - [(p_1 - v_1)q_1 - f_1] \\
&= (m_2q_2 - f_2) - (m_1q_1 - f_1) \\
&= (M_2 - f_2) - (M_1 - f_1)
\end{aligned}$$

又因：

上一期与本期前后两年的 p、v、f 数据一致，即保持不变。

则有：

$$EBIT_2 = p_1q_2 - v_1q_2 - f_1 = (p_1 - v_1)q_2 - f_1 = m_1q_2 - f_1 = M_2 - f_1$$

则：

$$\begin{aligned}
\Delta EBIT &= EBIT_2 - EBIT_1 \\
&= (p_1q_2 - v_1q_2 - f_1) - (p_1q_1 - v_1q_1 - f_1) \\
&= [(p_1 - v_1)q_2 - f_1] - [(p_1 - v_1)q_1 - f_1] \\
&= (m_1q_2 - f_1) - (m_1q_1 - f_1)
\end{aligned}$$

则：

$$\begin{aligned}
DOL &= (\Delta EBIT/EBIT)/(\Delta q/q) \\
&= [(EBIT_2 - EBIT_1)/EBIT_1] / [(q_2 - q_1)/q_1] \\
&= \{[(m_1q_2 - f_1) - (m_1q_1 - f_1)]/EBIT_1\} / [(q_2 - q_1)/q_1] \\
&= M_1/EBIT_1 \\
&= (EBIT_1 + f_1)/EBIT_1
\end{aligned}$$

推导出的公式中，DOL 为本年的经营杠杆系数，$EBIT_1$、f_1 均为上一期的数据；同理可知，相对下一期经营杠杆系数的计算，则可使用本期数据，即可利用基期数据测试下一年度的经营杠杆系数。

上述推导出结论的公式中的 $EBIT_1$、f_1 去除下标，注明基期数据，公式表述如下：

$$DOL = (EBIT + f)/EBIT$$
$$= M/(M - f)$$
$$= mq/(mq - f)$$
$$= q(p - v)/[q(p - v) - f]$$

由公式可知，影响经营杠杆系数的因素包括产（销）量、单价、单位变动成本、固定成本总额。

固定成本越大，经营杠杆系数就越大，在企业不亏损的情况下，只要有固定成本存在，经营杠杆系数总大于1。

经营杠杆本身不是利润不稳定的根源，但其扩大了市场、生产等不确定因素对利润变动的影响，所以企业要权衡，合理利用经营杠杆。相比经营杠杆，财务杠杆对企业的调整更具有主动性。

三、复合杠杆

（一）复合杠杆的含义

经营杠杆与财务杠杆的共同作用，使得普通股每股利润变动率大于产（销）量变动率的杠杆效应，为复合杠杆效应，又称总杠杆效应。

（二）复合杠杆系数

只要企业同时存在固定成本、固定财务费用，就存在复合杠杆，通常采用复合杠杆系数这一指标衡量。

复合杠杆系数是指普通股每股利润变动率相对于产（销）量变动率的倍数，可用经营杠杆系数与财务杠杆系数的乘积描述。

公式描述如下：

$$DTL = (\Delta EPS/EPS)/(\Delta q/q) = DOL \times DFL$$

式中，DTL 为复合杠杆系数。

从实际出发，利用基期数据测试下一年度的复合杠杆系数，可将上述公式进行转换，转换后公式描述如下：

$$DTL = M/[M - f - I - D/(1 - T)]$$

注意，利用基期数据测试下一年度的复合杠杆系数的条件是前后两年的 p、v、f、I、D、T、N 数据保持不变。

公式推导：

有复合杠杆系数公式：

$$DTL = (\Delta EPS/EPS)/(\Delta q/q) = DOL \times DFL$$

可设：

上一期每股利润为EPS_1，本期每股利润为EPS_2；上一期息税前利润为$EBIT_1$，本期息税前利润为$EBIT_2$；上一期产（销）量为q_1，本期产（销）量为q_2。

则：

每股利润变动额：

$$\Delta EPS = EPS_2 - EPS_1$$

息税前利润变动额：

$$\Delta EBIT = EBIT_2 - EBIT_1$$

产（销）变动量：

$$\Delta q = q_2 - q_1$$

则：

财务杠杆系数公式：

$$DFL = [(EPS_2 - EPS_1)/EPS_1]/[(EBIT_2 - EBIT_1)/EBIT_1]$$

经营杠杆系数公式：

$$DOL = [(EBIT_2 - EBIT_1)/EBIT_1]/[(q_2 - q_1)/q_1]$$

有每股利润公式如下：

$$EPS = [(EBIT - I)(1 - T) - D]/N$$

有息税前利润公式如下：

$$EBIT = pq - vq - f = (p - v)q - f = mq - f = M - f$$

则：

上一期每股利润描述如下：

$$EPS_1 = [(EBIT_1 - I_1)(1 - T) - D_1]/N_1$$

本期每股利润描述如下：

$$EPS_2 = [(EBIT_2 - I_2)(1 - T) - D_2]/N_2$$

上一期息税前利润描述如下：

$$EBIT_1 = p_1q_1 - v_1q_1 - f_1 = (p_1 - v_1)q_1 - f_1 = m_1q_1 - f_1 = M_1 - f_1$$

本期息税前利润描述如下：

$$EBIT_2 = p_2q_2 - v_2q_2 - f_2 = (p_2 - v_2)q_2 - f_2 = m_2q_2 - f_2 = M_2 - f_2$$

则：

每股利润变动额：

$$\begin{aligned}
\Delta EPS &= EPS_2 - EPS_1 \\
&= [(EBIT_2 - I_2)(1 - T) - D_2]/N_2 - [(EBIT_1 - I_1)(1 - T) - D_1]/N_1
\end{aligned}$$

息税前利润变动额：

$$\begin{aligned}
\Delta EBIT &= EBIT_2 - EBIT_1 \\
&= (p_2q_2 - v_2q_2 - f_2) - (p_1q_1 - v_1q_1 - f_1) \\
&= [(p_2 - v_2)q_2 - f_2] - [(p_1 - v_1)q_1 - f_1] \\
&= (m_2q_2 - f_2) - (m_1q_1 - f_1) \\
&= (M_2 - f_2) - (M_1 - f_1)
\end{aligned}$$

又因：

上一期与本期前后两年的 p、v、f、I、D、T、N 数据一致，即保持不变。

则有：

$EPS_2 = [(EBIT_2 - I_1)(1 - T) - D_1]/N_1$

$EBIT_2 = p_1q_2 - v_1q_2 - f_1 = (p_1 - v_1)q_2 - f_1 = m_1q_2 - f_1$

则：

$\Delta EPS = EPS_2 - EPS_1$

$\qquad = [(EBIT_2 - I_1)(1 - T) - D_1]/N_1 - [(EBIT_1 - I_1)(1 - T) - D_1]/N_1$

$\qquad = (EBIT_2 - EBIT_1)(1 - T)/N_1$

$\Delta EBIT = EBIT_2 - EBIT_1$

$\qquad = (p_1q_2 - v_1q_2 - f_1) - (p_1q_1 - v_1q_1 - f_1)$

$\qquad = [(p_1 - v_1)q_2 - f_1] - [(p_1 - v_1)q_1 - f_1]$

$\qquad = (m_1q_2 - f_1) - (m_1q_1 - f_1)$

则：

$DFL = (\Delta EPS/EPS)/(\Delta EBIT/EBIT)$

$\qquad = [(EPS_2 - EPS_1)/EPS_1]/[(EBIT_2 - EBIT_1)/EBIT_1]$

$\qquad = \{[(EBIT_2 - EBIT_1)(1 - T)/N_1]/EPS_1\}/[(EBIT_2 - EBIT_1)/EBIT_1]$

$\qquad = EBIT_1/[EBIT_1 - I_1 - D_1/(1 - T)]$

$DOL = (\Delta EBIT/EBIT)/(\Delta q/q)$

$\qquad = [(EBIT_2 - EBIT_1)/EBIT_1]/[(q_2 - q_1)/q_1]$

$\qquad = \{[(m_1q_2 - f_1) - (m_1q_1 - f_1)]/EBIT_1\}/[(q_2 - q_1)/q_1]$

$\qquad = M_1/EBIT_1$

$\qquad = (EBIT_1 + f_1)/EBIT_1$

则：

$DTL = M_1/[M_1 - f_1 - I_1 - D_1/(1 - T)]$

推导出的公式中，DTL 为本年的复合杠杆系数，M_1、f_1、I_1、D_1、T 均为上一期的数据；同理可知，相对下一期复合杠杆系数的计算，则可使用本期数据，即可利用基期数据测试下一年度的复合杠杆系数。

上述推导出结论的公式中的 M_1、f_1、I_1、D_1 去除下标，注明基期数据，公式表述如下：

$DTL = M/[M - f - I - D/(1 - T)]$

对于无优先股的企业，上述公式可简化如下：

$DTL = M/(M - f - I)$

$\qquad = q(p - v)/[q(p - v) - f - I]$

复合杠杆系数一定时，经营杠杆系数与财务杠杆系数此消彼长，经营杠杆系数的影响因素与财务杠杆系数的影响因素亦影响复合杠杆。复合杠杆系数越大，每股利润的波动幅度越大，风险亦越大，所以，企业要综合权衡，有效利用杠杆效应。

拓展阅读

《民法典》第416条之于企业杠杆效应的延伸解读[①]

关键词：《民法典》第416条；财务杠杆；经营杠杆；担保

文章导读：文章《〈民法典〉第416条之于企业杠杆效应的延伸解读》，以本章"杠杆原理"内容为基础，结合《民法典》第416条的具体法律条文，以事例形式阐释了法治因素助力杠杆原理效用的极大发挥。通过阅读、学习本文，启发师生从社会现实视角进行《财务管理》知识的讲授与学习；本文是《财务管理》专业知识与思政元素融合，财务内容与法制内容结合，复合型、实践性的知识阐释示范。

一、合同与担保关系概述

当人类社会生产力的发展推动社会生产分为农业和手工业时，便产生了一些直接以交换为目的的商品生产活动，商品生产者通过商品交换活动来实现其对商品价值的追求，简单的债权债务关系也由此产生。在现代社会生活的各个领域，民事主体之间的交往广泛采用债的方式进行，交易行为基本采用合同形式。合同本身是有效利用资源、实现资源优化配置的手段，通过资源的合理配置，最大限度地利用资源，使之达到最高的价值。

（一）合同立法意义

《民法典》中关于合同的法律规则是为维护交易安全和秩序设计的，其基本的功能就是维护市场经济中交易关系的稳定性。只有在交易有序进行的情况下，交易当事人才能够最大限度地实现其通过交易所获得的利益。《民法典》中关于合同的法律规则保障当事人的意志，从而使当事人订约的目的和基于合同所产生的期待利益得以实现，《民法典》的目的就是尽可能鼓励当事人进行交易，创造财富。《民法典》通过调整微观的合同行为，最终实现对社会经济生活的宏观调控，提高经济效益，增加社会财富，推动社会发展。

（二）合同与担保关系

合同的履行，是整个合同过程的中心环节，是合同实现的必经过程，没有合同履行，合同订立就没有意义，就没有实现合同债权的可能，当事人订立合同之初的期待利益就无法实现。合同担保保障的是合同履行，保障债权的实现。债权担保是指债权人为了保证债权的实现，以债务人的财产或者第三人的特定财产或一般财产设定优先权利，在债务人不履行债务时优先受偿的保障债权实现的法律手段。其意义在于，扩大用于清偿债务的财产范围或使其特定化，使从债支持主债，补充和强化债的效力，克服债权平等原则对特定债权实现的障碍，使特定债权人的债权享有优先受偿的权利，以保障其债权的实现。债权人对债务人或第三人取得担保物权的，以物权的效力来保障特定债权的实现，强化了债的效力。担保同时还具有促进资金融通和商品流通

---

① 林国.《民法典》第416条之于企业杠杆效应的延伸解读［J］. 现代商业，2021（6）：140-144.

的作用。

（三）担保立法意义

担保在东西方文明早期既已出现，早期的担保行为发生于简单的商品交换、战争和国际政治活动中，那时的担保行为大多不为法律所调整；经济活动中的担保行为在古罗马时代就已经发展得相当成熟了，《罗马法》第一次以法律形式对担保作出了较为系统、完善的规定。为促进资金融通和商品流通，保障债权的实现，发展社会主义市场经济，我国曾制定并施行了《中华人民共和国担保法》；已于2020年5月28日第十三届全国人民代表大会第三次会议通过，并于2021年1月1日起施行的《中华人民共和国民法典》（以下简称《民法典》）确立了若干有关担保的新规则，将对我们产生重大影响，如《民法典》第416条。

二、《民法典》第416条解读

《民法典》第416条内容如下：

动产抵押担保的主债权是抵押物的价款，标的物交付后十日内办理抵押登记的，该抵押权人优先于抵押物买受人的其他担保物权人受偿，但是留置权人除外。

（一）文意理解

从文意理解，在买受人直接赊购的情形下，涉及的买卖关系、抵押关系可以图3-1描述：

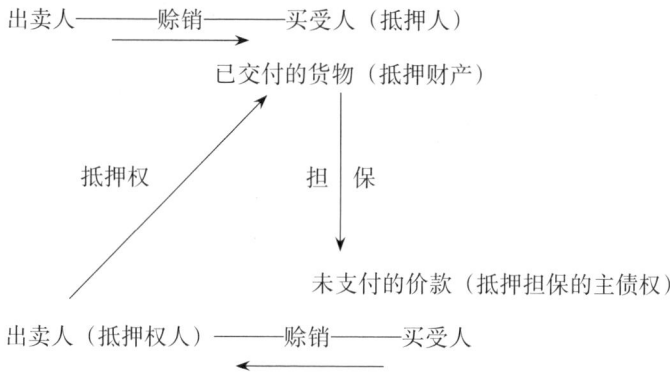

图3-1　《民法典》第416条文意示意图

（二）立法解读

根据《民法典》立法专家杨立新教授所著《中华人民共和国民法典条文要义》，以及《民法典》立法专家尹田教授《民法典物权编1条1讲》课程讲义所述，本条实为购买价金担保权。

购买价金担保权，是指债权人在动产之上取得的、担保因购买该动产所生的价金给付义务的担保权。根据《联合国动产担保立法指南》的界定，此种担保权具体包括三种：（1）出卖人对标的物所保留的所有权；（2）融资租赁的出租人对标的物所保有的所有权；（3）为购置标的物提供贷款的债权人对标的物享有的抵押权。这些"购买价金担保权"如在一定期间登记，可取得超优先顺位。

前述担保权的前两种分别在《民法典》第641条、第745条中作了规定，未纳入动产担保体系，故《民法典》第416条规定主要针对"为购置标的物提供贷款的债权人对标的物享有的抵押权"，故又称中间价款超级优先权。其立法本意是"针对交易实践中普遍存在的借款人借款购买货物，同时将该货物抵押给贷款人作为价款的担保的情形，赋予了该抵押权优先效力，以保护各方权益，促进融资"。

基于上述阐释，可理解为买受人向银行借款购买情形涉及的买卖关系、抵押关系，如图3-2所示：

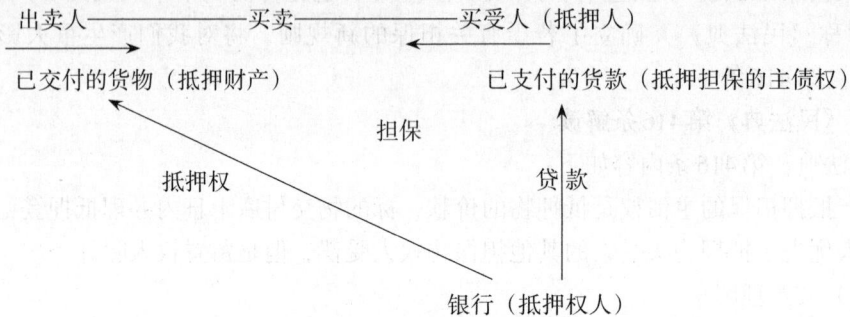

图3-2 《民法典》第416条立法解读示意图

三、《民法典》第416条之于企业杠杆效应的例析解读

个人认为以上两种理解均应涵盖在《民法典》第416条之内，该条所确立的抵押权优先效力担保规则，将更充分地满足卖买双方或贷借双方等各方的安全要求与利益要求，极大地促进上述交易类型业务的开展。该规则的确立与施行，提升并最大限度地满足了卖方或贷款方安全的需求，使其预期利益的实现得到最大保障；与此同时，该规则的确立与施行的整体效果在买方或称借款方的突出体现，我们将以企业杠杆效应结合实例的形式进行具体揭示。

（一）企业杠杆效应

企业杠杆包括财务杠杆与经营杠杆，以下分别简述各杠杆及其效应的衡量。

1.财务杠杆

财务杠杆是指由于固定债务利息和优先股股利的存在，使得普通股每股股利（以公司制企业为例）的变动幅度大于息税前利润变动幅度的现象，又称筹资杠杆、融资杠杆。

企业成立后所呈现的各种资本的构成及比例关系，谓之资本结构。资本结构的存在，则有固定的资本成本，财务杠杆自然存在。财务杠杆效应，通常采用财务杠杆系数这一指标衡量。财务杠杆系数是指普通股每股利润变动率相对于息税前利润变动率的倍数。

公式描述：

财务杠杆系数=普通股每股利润变动率/息税前利润变动率

$$DFL=(\Delta EPS/EPS)/(\Delta EBIT/EBIT)$$

式中，*DFL* 为财务杠杆系数；*EPS* 为变动前每股利润；Δ*EPS* 为每股利润变动额；*EBIT* 为变动前息税前利润；Δ*EBIT* 为息税前利润变动额。

从实用角度出发，利用基期数据测试下一年度财务杠杆系数，则可将上述公式转化为：

财务杠杆系数=基期息税前利润/［基期息税前利润-债务利息-优先股股利/（1-所得税税率）］

$DFL = EBIT/[EBIT - I - D/(1 - T)]$

式中，*I* 为财务利息；*D* 为优先股股利；*T* 为所得税税率；其他同上。

利用基期数据测试下一年度的财务杠杆系数的条件是前后两年 *I*、*D*、*T* 及普通股股数不变。

对于无优先股的企业，上述公式可简化为：

$DFL=EBIT/(EBIT-I)$

从上述公式可知，影响财务杠杆系数的因素包括息税前利润、资金规模、债务资金比例、债务利率、优先股股利、所得税税率。固定资本成本越大，财务杠杆系数就越大，在企业不亏损的情况下，只要有固定资本成本存在，财务杠杆系数总大于1。

财务杠杆是在撬动资金的基础上对利润的撬动。

2.经营杠杆

经营杠杆是指由于固定经营成本的存在而导致息税前利润的变动率大于产销量的变动率的现象，又称营业杠杆、营运杠杆。

企业利用财务杠杆负债经营降低资本成本的同时，也增加了财务风险。已获利息倍数反映了获利能力对债务偿付的保障程度，经营杠杆效应的有效发挥有利于财务杠杆效应的发挥。经营杠杆效应，通常采用经营杠杆系数这一指标衡量。经营杠杆系数是指息税前利润变动率相当于销售量变动率的倍数。

公式描述：

经营杠杆系数=息税前利润变动率/销售量变动率

$DOL=(\Delta EBIT/EBIT)/(\Delta Q/Q)$

式中，*DOL* 为经营杠杆系数；*EBIT* 为变动前息税前利润；Δ*EBIT* 为息税前利润变动额；*Q* 为产品销量；Δ*Q* 为产品销量的变动额。

从实用角度出发，利用基期数据测试下一年度经营杠杆系数，则可将上述公式转化为：

经营杠杆系数=基期边际贡献/（基期边际贡献-固定成本）

$DOL = M/(M-f)$

$\qquad = q(p-v)/[q(p-v)-f]$

$\qquad = (EBIT+f)/EBIT$

式中，*M* 为基期边际贡献；*f* 为固定经营成本总额；*p* 为产品单价；*v* 为单位产品变动经营成本；其他同上。

利用基期数据测试下一年度的经营杠杆系数的条件是前后两年 *p*、*v*、*f* 不变。

从上述公式可知，影响经营杠杆系数的因素包括产品销量、产品单价、单位产品变动经营成本、固定经营成本总额。固定经营成本越大，经营杠杆系数就越大，在企业不亏损的情况下，只要有固定经营成本存在，经营杠杆系数总大于1。

经营杠杆是财务杠杆在企业经营中必然要求的体现及主要措施，如果说财务杠杆撬动的是利润，那么经营杠杆就是对企业利润源泉的撬动，是财务杠杆的保障。

（二）《民法典》第416条之于企业杠杆效应例析

《民法典》第416条充分地满足了卖买双方或贷借双方等各方的安全要求与利益需求，极大地促进了前述所解读的交易类型业务的开展，我们将在此前提下进行例析。为方便效果比对，案例及假定具体如下：

1.案例基础情况

示例：情形A

某公司发行在外的普通股股数为1 000股，其他有关资料见表3-2、表3-3。

表3-2   公司产销量资料表   金额单位：元

项目	2021年	2022年	变动额	变动率
销售额	80 000	96 000	16 000	20%
变动成本	48 000	57 600	9 600	20%
边际贡献	32 000	38 400	6 400	20%
固定成本	16 000	16 000		
息税前利润	16 000	22 400	6 400	40%

表3-3   公司普通股每股利润表   金额单位：元

项目	2021年	2022年	变动额	变动率
息税前利润	16 000	22 400	6 400	40%
利息	5 000	5 000		
所得税（25%）	2 750	4 350	1 600	58.18%
税后利润	8 250	13 050	4 800	58.18%
每股利润	8.25	13.05	4.80	58.18%

公司2022年的杠杆系数据前述资料计算如下：

财务杠杆系数：

$DFL = (\Delta EPS/EPS) / (\Delta EBIT/EBIT)$

    $= 58.18\%/40\%$

    $= 1.45$

经营杠杆系数：

$$DOL=（\Delta EBIT/EBIT）/（\Delta q/q）$$
$$=40\%/20\%$$
$$=2$$

式中，假定产品价格不变，则销售额变动率等于产销量变动率。

复合杠杆系数：

$$DTL=DOL\times DFL$$
$$=2\times1.45$$
$$=2.90$$

2.采购经营设备情形例析

（1）以银行借款购买经营设备情形

示例：情形B（续情形A）

若2020年底公司向银行借款，借款协议约定款项专项用于购买X设备用于经营，设备价款与银行借款数额相等，为6万元，借款利率为5%，并以该设备（设备为动产，公司按固定资产管理）为该项借款设定抵押，2020年12月31日设备交付，5日后办理了抵押登记。为便于分析，借款于2021年1月开始计息，设备同月开始计提折旧费，设备可用20年，无残值，采用直线法计提折旧，试分析公司杠杆效应的变化。

此情形下公司资料：

该公司发行在外的普通股股数为1 000股，其他有关资料见表3-4、表3-5。

表3-4 　　　　　　　　　　　　　**公司产销量资料表**　　　　　　　　　　金额单位：元

项目	2021年	2022年	变动额	变动率
销售额	80 000	96 000	16 000	20%
变动成本	48 000	57 600	9 600	20%
边际贡献	32 000	38 400	6 400	20%
固定成本	16 000+3 000	16 000+3 000		
息税前利润	13 000	19 400	6 400	49.23%

表3-5 　　　　　　　　　　　　**公司普通股每股利润表**　　　　　　　　金额单位：元

项目	2021年	2022年	变动额	变动率
息税前利润	13 000	19 400	6 400	49.23%
利息	5 000+3 000	5 000+3 000		
所得税（25%）	1 250	2 850	1 600	128%
税后利润	3 750	8 550	4 800	128%
每股利润	3.75	8.55	4.80	128%

表格中画线部分表示此情况下公司相关数据的变化部分，其中，固定成本的数据变化为新增设备每年折旧额 3 000 元（60 000÷20）、利息的数据变化为新增借款每年利息额 3 000 元（60 000×5%），由此变化引起的表中其他数据变化亦已在表中呈现。

据前述资料计算，公司 2022 年的杠杆系数计算如下：

财务杠杆系数：

$DFL=（\Delta EPS/EPS）/（\Delta EBIT/EBIT）$

$\qquad =128\%/49.23\%$

$\qquad =2.60$

结合前述资料，假定经营决策正确，增加的边际贡献可以弥补增加的固定成本，增加的息税前利润可以弥补增加的利息支出，则公司 2022 年的财务杠杆系数以下列模型分析：

$DFL=EBIT/[EBIT-I-D/（1-T）]$

对于无优先股的企业，上述模型可简化为：$DFL=EBIT/（EBIT-I）$。

若 $EBIT-I>0$，则 $DFL>1$；增加的息税前利润可以弥补增加的利息支出，同时存在新增借款利息额，则财务杠杆系数提高。

经营杠杆系数：

$DOL=（\Delta EBIT/EBIT）/（\Delta q/q）$

$\qquad =49.23\%/20\%$

$\qquad =2.46$

注：假定产品价格不变，则销售额变动率等于产销量变动率。

结合前述资料，假定经营决策正确，增加的边际贡献可以弥补增加的固定成本，增加的息税前利润可以弥补增加的利息支出，则公司 2022 年的经营杠杆系数以下列模型分析：

$DOL=M/（M-f）=q（p-v）/[q（p-v）-f]=（EBIT+f）/EBIT$

若 $EBIT>0$，则 $DOL>1$；增加的边际贡献可以弥补增加的固定成本，同时存在新增设备折旧额，则经营杠杆系数提高。

复合杠杆系数：

$DTL=DOL\times DFL$

$\qquad =2.46\times2.60$

$\qquad =6.40$

结合前述资料，假定经营决策正确，增加的边际贡献可以弥补增加的固定成本，增加的息税前利润可以弥补增加的利息支出，公司 2022 年财务杠杆系数提高、经营杠杆系数提高，则复合杠杆系数提高。

（2）赊购经营设备情形

示例：情形 C（续情形 A）

若 2020 年底公司向某厂商赊购价款为 6 万元的 X 设备用于经营，并以该设备（设备为动产，公司按固定资产管理）为该设备价款设定抵押，2020 年 12 月 31 日设备交付，5 日后办理了抵押登记。为便于分析，设备于 2021 年 1 月开始计提折旧，设备可用 20

年，无残值，采用直线法计提折旧，试分析公司杠杆效应的变化。

此情况下公司资料：

该公司发行在外的普通股股数为1 000股，其他有关资料见表3-6、表3-7。

表3-6   **公司产销量资料表**   金额单位：元

项目	2021年	2022年	变动额	变动率
销售额	80 000	96 000	16 000	20%
变动成本	48 000	57 600	9 600	20%
边际贡献	32 000	38 400	6 400	20%
固定成本	16 000+3 000	16 000+3 000		
息税前利润	13 000	19 400	6 400	49.23%

表3-7   **公司普通股每股利润表**   金额单位：元

项目	2021年	2022年	变动额	变动率
息税前利润	13 000	19 400	6 400	49.23%
利息	5 000	5 000		
所得税（25%）	2 000	3 600	1 600	80%
税后利润	6 000	10 800	4 800	80%
每股利润	6.00	10.80	4.80	80%

表格中画线部分表示此情况下公司相关数据的变化部分，即固定成本的数据变化为新增设备每年折旧额3 000元（60 000÷20），由此变化引起的表中其他数据变化亦已在表中呈现。

据前述资料计算，公司2022年的杠杆系数计算如下：

财务杠杆系数：

$DFL=（\Delta EPS/EPS）/（\Delta EBIT/EBIT）$

    $=80\%/49.23\%$

    $=1.63$

结合前述资料，赊购属于利用商业信用的零成本融资；假定经营决策正确，增加的边际贡献可以弥补增加的固定成本，同时，相比于银行借款，息税前利润至少增加银行借款利息对应的数额，则公司2022年的财务杠杆系数以下列模型分析：

$DFL=EBIT/［EBIT-I-D/（1-T）］$

对于无优先股的企业，上述模型可简化为：$DFL=EBIT/（EBIT-I）$。

若$EBIT-I>0$，则$DFL>1$；息税前利润增加，同时原利息额不变，则财务杠杆系数提高。

经营杠杆系数：

$DOL=(\Delta EBIT/EBIT)/(\Delta q/q)$

$= 49.23\%/20\%$

$= 2.46$

注：假定产品价格不变，则销售额变动率等于产销量变动率。

结合前述资料，赊购属于利用商业信用的零成本融资；假定经营决策正确，增加的边际贡献可以弥补增加的固定成本，同时，相比于银行借款，息税前利润至少增加银行借款利息对应的数额，则公司2022年的经营杠杆系数以下列模型分析：

$DOL=M/(M-f)=q(p-v)/[q(p-v)-f]=(EBIT+f)/EBIT$

若 $EBIT>0$，则 $DOL>1$；增加的边际贡献可以弥补增加的固定成本，同时存在新增设备折旧额，则经营杠杆系数提高。

复合杠杆系数：

$DTL=DOL\times DFL$

$= 2.46\times1.63$

$= 4.01$

结合前述资料，赊购属于利用商业信用的零成本融资；假定经营决策正确，增加的边际贡献可以弥补增加的固定成本，同时，相比于银行借款，息税前利润至少增加银行借款利息对应的数额，公司2022年财务杠杆系数提高、经营杠杆系数提高，则复合杠杆系数提高。

3.采购原材料情形例析

（1）以银行借款购买原材料情形

示例：情形D（续情形A）

若2020年底公司向银行借款，借款协议约定款项专项用于购买X原材料，原材料价款与银行借款数额相等，为6万元，借款利率为5%，并以该批原材料为该项借款设定抵押，2020年12月31日原材料交付，5日后办理了抵押登记。为便于分析，借款于2021年1月开始计息，试分析公司杠杆效应的变化。

此情况下公司资料：

该公司发行在外的普通股股数为1 000股，其他有关资料见表3-8、表3-9。

表3-8 公司产销量资料表 金额单位：元

项目	2021年	2022年	变动额	变动率
销售额	80 000	96 000	16 000	20%
变动成本	48 000	57 600	9 600	20%
边际贡献	32 000	38 400	6 400	20%
固定成本	16 000	16 000		
息税前利润	16 000	22 400	6 400	40%

表3-9 公司普通股每股利润表

项目	2021年	2022年	变动额	变动率
息税前利润	16 000	22 400	6 400	40%
利息	5 000+3 000	5 000+3 000		
所得税（25%）	2 000	3 600	1 600	80%
税后利润	6 000	10 800	4 800	80%
每股利润	6.00	10.80	4.80	80%

表格中画线部分表示此情况下公司相关数据的变化部分，即利息的数据变化为新增借款每年利息额3 000元（60 000×5%），由此变化引起的表中其他数据变化亦已在表中呈现。

据前述资料计算，公司2022年的杠杆系数计算如下：

财务杠杆系数：

$DFL = (\Delta EPS/EPS) / (\Delta EBIT/EBIT)$

$= 80\%/40\%$

$= 2$

结合前述资料，原材料为非固定资产，不直接影响经营杠杆系数；假定经营决策正确，增加的息税前利润可以弥补增加的利息支出，则公司2022年的财务杠杆系数以下列模型分析：

$DFL = EBIT/[EBIT-I-D/(1-T)]$

对于无优先股的企业，上述模型可简化为：$DFL = EBIT/(EBIT-I)$。

若$EBIT-I>0$，则$DFL>1$；增加的息税前利润可以弥补增加的利息支出，同时存在新增借款利息额，则财务杠杆系数提高。

经营杠杆系数：

$DOL = (\Delta EBIT/EBIT) / (\Delta q/q)$

$= 40\%/20\%$

$= 2$

注：假定产品价格不变，则销售额变动率等于产销量变动率。

结合前述资料，原材料为非固定资产，不直接影响经营杠杆系数；假定经营决策正确，增加的息税前利润可以弥补增加的利息支出，则公司2022年的经营杠杆系数以下列模型分析：

$DOL = M/(M-f) = q(p-v) / [q(p-v)-f] = (EBIT+f)/EBIT$

若$EBIT>0$，则$DOL>1$；息税前利润增加，同时原固定成本额不变，则经营杠杆系数提高。

复合杠杆系数：

$DTL = DOL×DFL$

$= 2×2$

$= 4$

结合前述资料，原材料为非固定资产，不直接影响经营杠杆系数；假定经营决策正确，增加的息税前利润可以弥补增加的利息支出，公司 2022 年财务杠杆系数提高、经营杠杆系数提高，则复合杠杆系数提高。

（2）赊购原材料情形

示例：情形 E（续情形 A）

若 2020 年底公司向某厂商赊购价款为 6 万元的 X 原材料，并以该批原材料为该原材料价款设定抵押，2020 年 12 月 31 日原材料交付，5 日后办理了抵押登记。试分析公司杠杆效应的变化。

此情况下假定公司相关资料不发生变化，即某公司发行在外的普通股股数为 1 000 股，其他有关资料见表 3-10、表 3-11。

表3-10　　　　　　　　　　　　　公司产销量资料表　　　　　　　　　　　金额单位：元

项目	2021年	2022年	变动额	变动率
销售额	80 000	96 000	16 000	20%
变动成本	48 000	57 600	9 600	20%
边际贡献	32 000	38 400	6 400	20%
固定成本	16 000	16 000		
息税前利润	16 000	22 400	6 400	40%

表3-11　　　　　　　　　　　　　公司普通股每股利润表　　　　　　　　　金额单位：元

项目	2021年	2022年	变动额	变动率
息税前利润	16 000	22 400	6 400	40%
利息	5 000	5 000		
所得税（25%）	2 750	4 350	1 600	58.18%
税后利润	8 250	13 050	4 800	58.18%
每股利润	8.25	13.05	4.80	58.18%

据前述资料计算，公司 2022 年的杠杆系数计算如下：

财务杠杆系数：

$DFL = (\Delta EPS/EPS) / (\Delta EBIT/EBIT)$

$\qquad = 58.18\%/40\%$

$\qquad = 1.45$

结合前述资料，赊购为利用商业信用的零成本融资；原材料为非固定资产，不直接影响经营杠杆系数；假定经营决策正确，此时相比于银行借款，息税前利润至少增加银行借款利息对应的数额，则公司 2022 年的财务杠杆系数以下列模型分析：

$DFL = EBIT / [EBIT - I - D/(1-T)]$

对于无优先股的企业，上述模型可简化为：$DFL=EBIT/（EBIT-I）$。

若$EBIT-I>0$，则$DFL>1$；息税前利润增加，同时原利息额不变，则财务杠杆系数提高。

经营杠杆系数：

$$DOL =（\Delta EBIT/EBIT）/（\Delta q/q）$$
$$=40\%/20\%$$
$$=2$$

注：假定产品价格不变，则销售额变动率等于产销量变动率。

结合前述资料，赊购为利用商业信用的零成本融资；原材料为非固定资产，不直接影响经营杠杆系数；假定经营决策正确，此时相比于银行借款，息税前利润至少增加银行借款利息对应的数额，则公司2022年的经营杠杆系数以下列模型分析：

$$DOL=M/（M-f）=q（p-v）/[q（p-v）-f]=（EBIT+f）/EBIT$$

若$EBIT>0$，则$DOL>1$；息税前利润增加，同时原固定成本额不变，则经营杠杆系数提高。

复合杠杆系数：

$$DTL=DOL×DFL$$
$$=2×1.45$$
$$=2.9$$

结合前述资料，赊购为利用商业信用的零成本融资；原材料为非固定资产，不直接影响经营杠杆系数；假定经营决策正确，此时相比于银行借款，息税前利润至少增加银行借款利息对应的数额，公司2022年财务杠杆系数提高、经营杠杆系数提高，则复合杠杆系数提高。

若增加的边际贡献可以弥补增加的固定成本，增加的息税前利润可以弥补增加的利息支出，则经营杠杆系数、财务杠杆系数提高。经营杠杆系数、财务杠杆系数的提高，体现为相对于产销量变动率的息税前利润变动率的倍数提升与相对于息税前利润变动率的每股利润变动率的倍数提升，综合为复合杠杆效应。

财务杠杆、经营杠杆积极作用发挥的同时，也存在风险，所以企业要权衡，以合理的经营杠杆系数、财务杠杆系数进行调节。同等条件下，从财务杠杆效应角度讲，赊购优于以银行借款购买；从经营杠杆效应角度讲，赊购与以银行借款购买等效。

四、《民法典》第416条的意义

（一）相对于合同的意义

担保能有力保障合同形式下交易的实现，促进资金融通和商品流通，实现基于合同的期待利益，创造了财富；担保能有效助力合同对资源的利用与优化配置，实现其价值最大化，引导资金和其他经济资源的配置，成为贯彻特定经济政策的工具，引导社会资源、生产要素的流向。

从微观合同到宏观社会经济生活，担保利于提高经济效益，增加社会财富，推动社会发展，担保的经济杠杆属性对促进经济发展发挥着重要作用。《民法典》第416条中"该抵押权人优先于抵押物买受人的其他担保物权人受偿"所确立的"超级优先权"规则对于促进经济发展的作用将更加突出。

（二）相对于信用的意义

契约社会，信用为契约的实质，契约为信用的形式；担保保障合同的实现，实为信用的量化保证。

信用在经济学上的含义是指建立在授信人对受信人偿付承诺信任的基础上，使后者无须支付现金就可以获得商品、服务、资金的能力。信用是一种资源，是市场经济条件下生产力和生产关系的重要内容；信用关系应当属于经济关系的范畴，是一种社会契约关系，从根本上说，取决于经济发展阶段和水平。最早的信用交易源于实物信用——物物交换，但物物交换困难重重，货币克服了其困难，成为了主要的信贷工具，在现代社会，几乎所有的信用关系都是以货币计量为载体构架起来的。信用交易是一种以追求收益和效用最大化为目的的交换和融通资金活动，是一种有时间期限的特殊经济交易行为。

信用，从微观上可以改善市场经济主体的经营状况，从宏观上可以扩大供给、拉动需求。《民法典》第416条针对性地保障各方目标的实现，有利于更好地保障上述信用功能实现。

课后习题

一、选择题

1.经营杠杆产生的原因是（　　）。

A.不变的固定单价　　　　　　　　B.不变的固定产量

C.不变的固定单位可变成本　　　　D.不变的固定成本

2.最佳资本结构是指（　　）。

A.企业所在行业的多数企业的资本结构

B.企业无风险时的资本结构

C.企业利润最大时的资本结构

D.企业综合资本成本最低、价值最大时的资本结构

3.下列有关负债筹资的描述中，正确的有（　　）。

A.一定程度上的负债有利于降低企业资本成本

B.负债筹资具有财务杠杆作用

C.负债资金会加大企业的财务风险

D.以上各项描述均正确

4.下列有关资本成本作用的描述中，正确的有（　　）。

A.资本成本是具体筹资方式选择、资本结构决策以及追加筹资方案确定的主要依据

B.资本成本是评价投资项目、比较投资方案、进行投资决策的主要标准

C.资本成本还可以作为考核企业整个经营业绩的基准

D.以上各项阐释均不正确

5.下列项目中属于债务性筹资的有（　　）。

A.企业债券　　　　B.银行借款　　　　C.留存收益　　　　D.普通股

6.下列属于最佳资本结构确定方法的有（　　）。

A.每股利润无差别点法　　　　　　B.比率分析法

C.综合资本成本比较法　　　　　　D.公司价值分析法

7.下列描述中正确的有（　　）。

A.在一定的时间与业务量条件下不随业务量变化而变化的成本（总额）是固定成本

B.在一定的时间与业务量条件下不随业务量变化而变化的成本（总额）是变动成本

C.随着产量的增加，分配到单位产品中的固定成本在逐渐增加

D.一定条件下单位变动成本不随着产量的增加而变化

二、计算题

1.××市××纸业股份有限公司因发展需要，发行普通股200万股，股票按面值发行，50元/股，发行费率为5%，发行当年股利为2元/股，以后每年增长5%；同时，公司尚有50万元留存收益备用。（公司适用25%的所得税税率）

（1）请计算普通股的资本成本。

（2）请计算留存收益的资本成本。

2.××市××纸业股份有限公司未来5年各方面情况同今年一样，今年公司息税前利润为20万元，支付债务利息10万元，请计算下一年公司的财务杠杆。

3.××市××纸业股份有限公司为改善资本结构，现进行债务性融资，配合公司当前业务发展，筹措资金200万元，款项可以通过银行长期借款方式或发行债券方式筹得。

银行长期借款资本成本相关信息：

年利率是4.8%，期限5年，每年付息一次，到期一次还本，无筹款费用。

公司债券资本成本相关信息：

面值发行，票面金额100元，票面利率4.5%，期限5年，每年付息一次，到期一次还本，发行费率6%。

公司适用的所得税税率为25%，请问公司会选择哪种方式筹资来改善公司的资本结构？

三、综合题

（一）××市××纸业股份有限公司现需要筹资100万元，筹资方案详见表3-12。

表3-12　　　　　　　　　　　　　　　筹资方案

筹资方式	筹资金额（万元）	筹资费（%）	利息/股利（%）
银行借款	20	2	5
公司债券（面值发行）	20	4	6
普通股	40	5	10（固定不变）
留存收益	20	0	同普通股
资金总额	100	—	—

注：银行借款、公司债券，期限均为5年，每年计息，到期一次还本；公司适用的所得税税率为30%。

1.请计算各筹资方式的个别资本成本。

2.请计算该方案的综合资本成本。

3.如果公司没有留存收益，使用普通股筹资方式筹资60万元，其他给定资料不变，则其综合资本成本是多少？

（二）××市××纸业股份有限公司甲产品生产项目今年的单位变动成本为v、总固定成本为f，对外售价为p，产量为q，每股利润为EPS。

1.甲产品的单位边际贡献m如何描述？

2.甲产品生产项目今年的息税前利润$EBIT$如何描述？

3.若××市××纸业股份有限公司甲产品上一年产量为q_0，息税前利润为$EBIT_0$，则该公司今年的经营杠杆系数可以描述为$DOL=[(EBIT-EBIT_0)/EBIT_0]/[(q-q_0)/q_0]$。若该公司下一年的经营杠杆系数可以描述为$DOL=(EBIT+f)/EBIT$，请问需要具备哪些条件？

4.请运用所学知识，阐释影响经营杠杆系数的主要因素有哪些？

5.若××市××纸业股份有限公司上一年息税前利润为$EBIT_0$，支付的利息为I，公司没有发行优先股，普通股每股收益为EPS_0，适用税率为T，则该公司今年的财务杠杆系数可以描述为$DFL=[(EPS-EPS_0)/EPS_0]/[(EBIT-EBIT_0)/EBIT_0]$。若该公司下一年的财务杠杆系数可以描述为$DFL=EBIT/(EBIT-I)$，请问需要具备哪些条件？

6.请运用所学知识，阐释影响财务杠杆系数的主要因素有哪些？

四、延伸学习建议内容

1.边际资本成本。

2.财务杠杆、经营杠杆与风险的关系。

3.影响资本结构的因素。

第四章

筹资管理

主要知识结构体系：

企业为什么要筹资？筹资有哪些渠道和方式？
企业筹资的数额如何预测，具体有哪些方法？
各筹资方式有哪些优缺点？企业如何选择？
本章主要围绕上述问题进行课程的基本性阐释。

▶▶▶▶▶▶ 第一节　筹资管理概述

一、筹资管理的概念

筹资是指企业根据需要通过各种渠道和方式，筹措、集中资金的活动。

企业的设立可以说是从资金的筹集开始的，企业的生存与发展是企业筹资的根本动机。企业的设立以一定的资金为基础，随着企业的成立、运营，需要有保证运营的资金；随着企业的扩大再生产，资金的需求也会增加；企业债务的偿还、风险的化解亦需要资金。企业的生存与发展离不开筹资活动。

二、分类

企业的筹资依据不同的标准有不同的分类。依资金的来源，企业的筹资可分为内部筹资与外部筹资；依资金的使用期限，企业的筹资可分为短期筹资、中期筹资与长期筹资。总的来讲，企业筹集的资金分为权益性资金与债务性资金，对应着权益性筹资与债务性筹资，此亦筹资的基本分类。

三、筹资渠道与方式

(一) 筹资渠道

筹资渠道，即资金从哪儿筹来。资金可以来自企业内部，即企业的自有资金；也可以来自企业外部，如银行等机构的借贷资金，其他企业与个人的资金，包括外商资金。国有企业的资金来源还包括国家财政资金。

(二) 筹资方式

筹资方式，即资金怎么筹来。企业资金可以是权益性方式筹得的资金，也可以是债务性方式筹得的资金。权益性筹得方式包括吸收直接投资、发行股票，以及利用企业自己的留存收益等方式；债务性筹得方式包括向银行等机构的借贷、发行债券、融资租赁、利用商业信用等方式。

筹资渠道是钱从哪儿来，筹资方式是钱怎么来。总之，企业应该根据自己的实际选择适合的筹资渠道与方式。

四、筹资原则

筹资所遵守的基本要求，即筹资原则。筹资，合法是基础，合理是关键。所以企业筹资要遵守合法性原则与合理性原则。合理性原则，成本收益上是指经济性原则、效率上是指及时性原则。

▶▶▶▶▶▶第二节　企业资金需求量的预测

企业资金需求量的预测是指在企业筹资之前对所需资金的预估、测算。企业资金需求量的预测分为定性预测与定量预测，本部分主要阐释定量预测。

销售直接关系到企业的收入、利润和市场地位，对企业的生存和发展具有决定性的影响。以下主要介绍与销售密切相关的销售百分比法与资金习性预测法两种定量预测方法。

一、销售百分比法

销售百分比法是以资金与销售额的比例关系为基础，预测资金需求量的方法。

采用销售百分比法预测企业的资金需求量，是以企业既定资本结构为基础，并以企业的资产、负债与销售额同比例变化为条件的。其资金需求量的具体预测，首先，根据社会经济环境和企业发展战略、年度计划等预计销售增长率；其次，依据随销售额变动而变动的资产、负债项目确定需要筹集的资金数额；最后，根据企业内部可以提供的资金数额，决定是否对外筹资。

销售百分比法预测的资金需求量可用公式描述如下：

$Q_Y = A \times \Delta Y/Y_1 - B \times \Delta Y/Y_1 = \Delta Y/Y_1 \times (A - B)$

式中，Q_Y 为资金需求量；A 为随销售额变动的资产；B 为随销售额变动的负债；Y_1 为基期销售额；Y_2 为预测期销售额；ΔY 为销售增长额。

例 4-1 ❖❖❖❖❖

××市××鞋业股份有限公司 2023 年销售收入为 10 万元，预计 2024 年市场向好，公司现在尚有产能剩余，无须增加固定投资即可提高产量满足市场相应份额的需求，于是确定公司2024年增长10%的销售额目标。公司2023年12月31日的资产负债表简明信息见表4-1。

表4-1

资产负债简表

资产	期末数（元）	负债与所有者权益	期末数（元）
库存现金	20 000	应付账款	20 000
应收账款	40 000	应付票据	20 000
存货	40 000	短期借款	20 000
固定资产	60 000	长期借款	20 000
		实收资本	60 000
		留存收益	20 000
资产合计	160 000	负债与所有者权益合计	160 000

注：假定随着销售额的变动而变动的项目涉及库存现金、应收账款、存货、应付账款、应付票据。

请预测2024年公司需增加的资金。

解答：

$Q_Y = A \times \Delta Y/Y_1 - B \times \Delta Y/Y_1 = \Delta Y/Y_1 \times (A - B)$

$= 10\% \times [(20\,000+40\,000+40\,000) - (20\,000+20\,000)]$

$= 6\,000$（元）

2024年公司需增加资金6 000元。

销售百分比法预测的对外资金需求量公式描述如下：

$Q_y = Q_Y - EPY_2$

式中，Q_y为对外资金需求量；P为净利润率；E为留存收益率。

例4-2 ▓▓▓▓▓

沿用例4-1，已知公司的销售净利率为10%，其中净利润的60%用于分配、40%留存于企业。

请预测2024年公司需要对外筹集的资金。

解答：

$Q_y = Q_Y - EPY_2$

$= 6\,000-100\,000 \times 110\% \times 10\% \times 40\%$

$= 1\,600$（元）

2024年公司需要对外筹集的资金为1 600元。

二、资金习性预测法

资金习性预测法是指根据资金习性预测未来资金需求量的方法。

资金习性即资金变动与产销量变动之间的关系，可用模型描述如下：

$Q = A + BY$

式中，Q 为资金需求量；Y 为销售额；A 为不随产（销）量变动的资金；B 为随产（销）量变动的资金。

资金习性预测法具体有高低点法和回归直线法，本部分介绍高低点法。

高低点法，即根据企业一定期间的历史资料，选取最高收入期与最低收入期的资金占用量差与销售额差之比，求得 B、A 值，进而依据资金习性模型进行资金趋势预测的方法。

$B = (Q_{高} - Q_{低}) / (Y_{高} - Y_{低})$

$A = Q_{高} - BY_{高}$ 或 $A = Q_{低} - BY_{低}$

例4-3 ●●●●

××市××鞋业股份有限公司近年销售收入与资金占用情况见表4-2：

表4-2   销售收入与资金占用情况表

年度	销售收入 Y（元）	资金占用 Q（元）
2018	200 000	110 000
2019	240 000	130 000
2020	260 000	140 000
2021	280 000	150 000
2022	280 000	150 000
2023	300 000	160 000

已知2024年公司的销售目标为35万元，请运用高低点法预测2024年需要的资金。

解答：

$B = (Q_{高} - Q_{低}) / (Y_{高} - Y_{低})$

$\quad = (160\,000 - 110\,000) / (300\,000 - 200\,000) = 0.5$

$A = Q_{高} - BY_{高}$ 或 $A = Q_{低} - BY_{低}$

$\quad = 160\,000 - 0.5 \times 300\,000 = 10\,000$（元）

$Q = A + BY$

$\quad = 10\,000 + 0.5 \times 350\,000 = 185\,000$（元）

公司2024年需要185 000元资金。

▶▶▶▶▶▶ 第三节　资金筹集方式的选择

一、权益性资金筹集的特点

权益性筹资，具有降低财务风险、提高企业自身信誉的优点；同时存在容易分散企业控制权和资本成本高的缺点。

（一）吸收直接投资

企业选择吸收直接投资的方式进行筹资，可以尽快形成生产能力，但也存在着不方便流动的缺点。

（二）发行普通股

公司选择发行普通股的方式进行筹资，可筹得永久性资本，并且无固定股息负担，但可能会降低每股收益。

（三）发行优先股

公司选择发行优先股的方式进行筹资，如同发行普通股可以筹得永久性的资本，同时股息固定，可发挥财务杠杆作用；但筹资限制比较多、财务负担也比较重。

（四）使用留存收益

在权益性筹资中，使用留存收益筹资，可以保持企业的控制权，但留存收益资金数额往往有限，并且用途也受到限制。

二、债务性资金筹集的特点

债务性筹资，相较于权益性筹资，能够保持企业的控制权，筹资成本低，并且可以发挥财务杠杆效应，但财务风险比较大。

（一）向银行借款

企业选择向银行借款的方式进行筹资，筹资的速度快，并具有较大的灵活性；但限制条件比较多，且筹资数额有限。

（二）发行公司债券

公司选择发行债券的方式进行筹资，能够发挥债务性筹资的优点，但同样具有较大的财务风险；并且限制条件比较多，筹资数额也有限。

（三）融资租赁

企业选择融资租赁的方式进行筹资，能够及时获取相应资产，并且设备淘汰风险小；同时，融资租赁限制条件少、筹资风险低、税收负担轻，但资本成本高。

（四）利用商业信用

企业选择利用商业信用的方式进行筹资，筹资便利，并具有较大的筹资弹性；筹资成本相对更低，但使用期限一般比较短。

企业可以根据各筹资方式的特点，结合实际情况选择权益性筹资或者债务性筹资中的具体方式进行筹资。

拓展阅读

有限合伙融资平台之相应风险化解思考

关键词：有限合伙；融资平台；公司人格否定；家族信托

文章导读：文章《有限合伙融资平台之相应风险化解思考》，从风险和筹资量维度系统化阐释了以有限合伙型企业与公司型企业组合的融资平台筹资风险化解问题。通过阅读、学习本文，为学生将来创业融资提供借鉴；本文是财务内容与法治内容结合，专业知识与创业融资融合的具体体现。

从"资产=负债+所有者权益"的会计等式中可知，企业成立的资金来源包括投资者自有资金和举债资金两部分，企业实际成立时可以完全由投资者出资，也可以完全举债，亦可以二者皆有。二者皆有是投资者利用自有资金撬动举债资金；完全举债是投资者零资金撬动举债资金，是投资者将杠杆效应发挥到了极致；完全由投资者出资是否没有杠杆效应呢，当然不是，亦存在着此投资者撬动彼投资者资金的杠杆效应，甚至零出资投资者撬动其他投资者资金的杠杆效应，如出资者以劳务出资撬动以资金出资的出资者的资金。

一、有限合伙融资平台构建分析

前述的杠杆效应，亦为企业成立的融资问题。企业成立的融资与企业的类型不可分割而谈，是在具体的企业类型之下的融资。

（一）劳务出资杠杆效应机制分析-企业形式选择

现以劳务出资为出发点，结合个人独资企业、合伙企业、公司制企业等相关法律制度及理论对其杠杆效应机制构建进行具体阐释：

劳务出资撬动他人自有资金成立企业，一为企业控制权在他人之手，自己拥有部分非决定性企业权益，甚至只是一般性雇佣员工而已；另一为企业控制权在自己之手。显然前一种不是我们要探究的杠杆效应之意，现以后者为基础进行探究，则问题转化为以劳务出资投资者撬动其他投资者资金成立企业并拥有控制权的课题。

为了更好地实现以劳务出资投资者撬动其他投资者资金成立企业并取得企业控制权，对其他投资者出资所担风险必须考虑，则前述课题继续转化为劳务出资投资者在考虑其他投资者风险的前提下撬动其他投资者资金成立企业并拥有企业控制权的研究，实质上是对企业相关法律制度及理论的研究，是企业类型的选择。

基于前述阐释，现从筹资量、控制权、风险度三个因素对企业类型选择进行分析，详见表4-3。

表4-3 企业类型选择要素对比表

企业类型 \ 因素		筹资量（+）	控制权（+）	风险度（-）
个人独资企业		★	★★★★	★★★★
合伙企业	有限合伙	★★	★★★	★★
	普通合伙		★★	★★★
公司制企业		★★★	★	★

注释：筹资量、控制权因素从正向（+）考虑，星越多越好；风险度因素从负向（-）考虑，星越少越好。

从表4-3中可知，个人独资企业、合伙企业、公司制企业各有优缺点，但无一种企业形式胜任前述研究，无疑没有最佳结果；不妨换个思路，尝试不同企业形式的组合。

在筹资量、控制权、风险度三个因素的比较下，各类型企业的优位顺序为：公司制企业、有限合伙企业位居一、二。将两类企业进行组合，如若可以，则可谓优优组合。劳务出资投资者先组成有限合伙企业，再以有限合伙企业作为股东组成公司（此处对公司类型不做细分，存在法律上的可行性即可），即劳务出资投资者（通过劳务出资）以自然人身份作为唯一普通合伙人（以确保企业控制权，从这一点上讲实现了与个人独资企业投资人控制权的同等效果）组成有限合伙企业（根据需要可按上述形式组建若干有限合伙企业，并一同作为股东组建公司以实现对公司的控制权）获取资金，再以有限合伙企业身份作为公司股东组成公司进行经营，如图4-1所示。

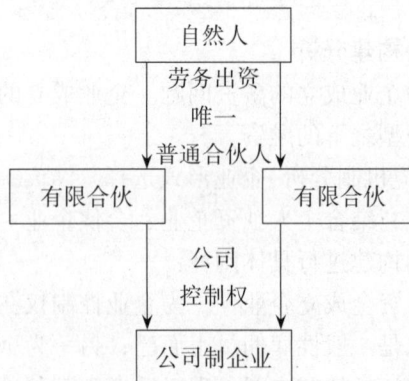

图4-1 有限合伙+公司制企业组合示意图

仅以前述组建的有限合伙企业即可实现劳务出资投资者在考虑其他投资者风险的前提下撬动其他投资者资金成立企业并拥有企业控制权的融资，但融资规模有限，劳务出资者仍面临经营风险；在此基础上引入公司制企业，可将设置的多个有限合伙企业以劳务出资所获得的融资结合于公司制企业，以充分融资并能进一步融资，真正形成融资平台，同时以公司制企业运营还可为防御经营风险增设一道安全屏障。

（二）有限合伙融资平台机制

按上述模式组建的公司制企业，劳务出资投资者通过有限合伙企业对公司具有控制权，并进一步杠杆融资，公司的经营风险由有限合伙企业作为股东承担有限责任。其他投资人作为有限合伙企业的有限合伙人承担有限责任（从这一点上讲实现了与公司制企业投资人有限责任的同等效果）。有限合伙企业与公司制企业的组合针对筹资量、控制权、风险度三个因素的考量呈现如下结果：

劳务出资投资者——控制、融资——有限合伙企业——控制、融资——公司制企业

其他投资人——有限责任——有限合伙企业——有限责任——公司制企业

综上可证，劳务出资投资者在考虑其他投资者有限风险的前提下撬动其他投资者资金成立企业并拥有企业控制权具有可行性。其中，杠杆效应的关键是劳务出资，有限合伙企业与公司制企业结合构成融资平台，这是整个机制的关键，有限合伙企业融控制权与融资于一体。

有限合伙融资平台形成的机理源于有限合伙企业性质本身。有限合伙企业由普通合伙人和有限合伙人组成；普通合伙人可以用货币、实物、知识产权、土地使用权或者其他财产权利出资，也可以用劳务出资，但有限合伙人不得以劳务出资；普通合伙人负责执行合伙事务，对合伙企业债务承担无限连带责任，有限合伙人以其认缴的出资额为限对合伙企业债务承担责任。

（三）有限合伙融资平台完善

有限合伙企业作为股东对公司承担有限责任，美中不足的是作为有限合伙企业的普通合伙人的劳务出资投资者对上述有限责任承担的是无限责任。如果资金允许，可在图4-1的基础上，进行优化组合，优化后如图4-2所示。

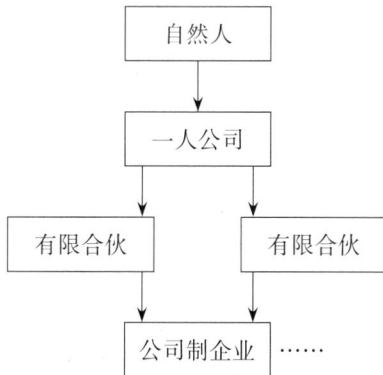

图4-2　一人公司+有限合伙+公司制企业组合示意图

相对于图4-1中作为有限合伙企业的普通合伙人的劳务出资投资者的无限责任，自然人以少许出资成立一人公司，再以一人公司作为普通合伙人组建有限合伙企业，则图4-2中一人公司的存在则使得作为一人公司股东的自然人责任归为有限。上述结果呈现出资金性增强、劳务性弱化的趋势，但关键所在仍是有限合伙企业，并且转换为所有投资者风险有限的、具有有效控制权的融资平台。一人公司的引入，使得融资平台作用能够更好地发挥。

二、有限合伙融资平台风险化解之延伸思考

前述构建的有限合伙融资平台已对出资者的风险予以有效防范，但一人公司对股东风险的防范不是绝对的。我国《公司法》规定：公司股东应当遵守法律、行政法规和公司章程，依法行使股东权利，不得滥用股东权利损害公司或者其他股东的利益。公司股东滥用股东权利给公司或者其他股东造成损失的，应当依法承担赔偿责任。公司股东滥用公司法人独立地位和股东有限责任，逃避债务，严重损害公司债权人利益的，应当对公司债务承担连带责任。

（一）公司人格否定制度

公司人格否定制度，即否认公司与其背后的股东各自独立的人格及股东的有限责任的制度。为阻止公司独立法人人格的滥用和保护公司债权人利益及社会公共利益，根据具体法律关系中的特定事实，责令公司的股东对公司的债务或公共利益直接负责。

公司人格否定制度的存在，使得公司股东的有限责任为非绝对状态，则作为一人公司股东并以该公司组建有限合伙企业的公司出资人存在无限责任的承担可能。

（二）家族信托制度

家族信托是指信托公司接受单一个人或者家庭的委托，以家庭财富的保护、传承和管理为主要信托目的，提供财产规划、风险隔离、资产配置、子女教育、家族治理、公益（慈善）事业等定制化事务管理和金融服务的信托业务。

家族信托具有风险隔离的作用。家族信托使资产的所有权与收益权相分离，即将资产委托给信托公司打理，该资产的所有权就不再归他本人，但相应的收益依然根据他的意愿收取和分配，如图4-3所示。

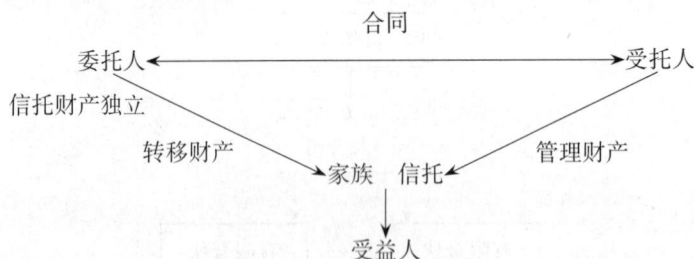

图4-3　家族信托示意图

具体操作（结合图4-3）：委托人与受托人以合同形式设立家族信托，委托人依约转移财产，成为信托财产独立管理人，受托人依约接受委托人的指示管理该财产并向受益人（委托人可以更换受益人）分配收益。

家族信托的设立，实现了所有权与收益权相分离，对委托人起到了风险隔离作用，如家族信托设立人离婚分家产、意外死亡或被人追债，这笔钱都将独立存在，不受影响。若有限合伙融资平台中的一人公司以家族信托形式存在，则公司股东可彻底与无限责任绝缘。

三、结论

鉴于我国尚无完善的家族信托制度，前述仅为理论层面的探讨，是构建有限合伙融资平台风险化解的理想模式思考；家族信托制度有较高的资金门槛要求，也是将来构建有限合伙融资平台需要考虑的。

在现有合伙企业、公司制企业法律制度下，前述构建的有限合伙融资平台，只要公司股东不滥用公司法人独立地位和股东有限责任，仍可充分发挥有限合伙融资平台的作用。

从有限公司组织机构设置探究我国公司治理模式的变化①

关键词： 公司法；有限公司；公司治理模式；组织机构设置；董事会；监事会；审计委员会

文章导读： 文章《从有限公司组织机构设置探究我国公司治理模式的变化》，延续前文《有限合伙融资平台之相应风险化解思考》之创业主体融资的思考，依据新《公司法》具体阐释了有限责任公司各组织机构设置组合的类型。通过阅读、学习本文，为学生依据社会和自身的实际情况，从公司治理视角提供了广泛、具体的有限公司组织机构设置模式选择；本文是对法治内容与创业主体组织机构设置选择相融合的公司治理结构具体问题的阐释。

一、公司治理及三种公司治理模式

（一）公司治理概念

企业是把人这一资源要素与物的资源要素结合起来自主从事经济活动的营利性组织，公司制企业是典型的现代企业，有限公司制度是公司制度的基础和重要组成部分。公司治理是指通过一系列正式或非正式的、内部或外部的制度或机制来协调公司、各利益相关者之间利益的关系，以保证公司决策的科学化，从而最终维护公司各利益相关方利益的一种制度安排。公司治理包括静态的公司治理结构与动态的公司治理机制两部分。

基于分散的产权结构和提高效益的必然要求，以及科学管理的需要等原因，公司的所有权与经营权相分离。所有权与经营权的分离也带来了委托-代理、信息不对称、利益冲突等一系列问题。如何进行激励与约束？如何应对逆向选择、道德风险？如何处理大小股东之间、股东与经营者之间、股东与债权人之间、股东与其他利益相关者之间的具体利益冲突？这些问题都需要公司治理，所有权与经营权分离是现代公司的重要标志，亦是公司治理产生的根源。

① 林国. 从有限公司组织机构设置探究我国公司治理模式的变化 [J]. 现代营销（上旬刊），2024（7）：109–111.

（二）公司治理的三种模式

1.家族公司治理模式

家族公司治理模式的基础是公司所有权与经营权未实质分离。中小企业所有权与经营权未实质分离的自身特性决定着其对家族公司治理模式的选择；从整个社会看，中小企业永远是所有企业中数量最大的群体，故而家族公司治理模式会长期存在，广泛适用。家族公司治理模式是一种家族成员掌握公司控制权、决策家长化、血缘关系至上的治理模式。构筑规范的现代公司治理模式，是存在产权封闭、大股东控权、决策机制独断、人治重于法治缺陷的家族公司治理模式的未来发展趋势。

2.英美法系治理模式

英美法系治理模式的基础即英美法系，典型国家是英国、美国，股权分散，是一种市场主导型、股东至上的治理模式。其治理结构体现的特点是不设监事会，董事会中设审计委员会的单层治理结构。近年来，英美法系治理模式有向大陆法系治理模式发展的趋势。

3.大陆法系治理模式

大陆法系治理模式的基础即大陆法系，典型国家是德国、日本，股权集中，是一种大股东主导型、利益相关者至上的治理模式。其治理结构体现的特点是股东会下设董事会与监事会的双层治理结构。近年来，大陆法系治理模式有向英美法系治理模式发展的趋势。

二、《公司法》（2018修正）中"有限公司"的组织机构设置

《中华人民共和国公司法》（2018修正），是根据2018年10月26日第十三届全国人民代表大会常务委员会第六次会议《关于修改〈中华人民共和国公司法〉的决定》第四次修正的，以下简称《公司法》（2018修正）。

以《公司法》（2018修正）第二条为准，下文所述及之公司亦为依《公司法》（2018修正）在中华人民共和国境内设立的有限公司。

（一）有限公司组织机构设置规定

依据《公司法》（2018修正），有限公司组织机构设置的规定如下：

依据《公司法》（2018修正）第二十三条、第二十四条、第三十六条、第五十七条、第六十一条，有限公司由五十人以下的股东设立，以股东会或一个股东的形式行使股东会职权；依据该法第三十七条、第四十四条、第五十条，有限公司由一人以上的董事经营管理，以董事会或一名董事的形式行使董事会的职权；依第三十七条、第五十一条，有限公司设监事会，或设一至二名监事；依第四十六条、第四十九条，有限公司可设经理。

（二）有限公司组织机构设置情形

1.存在股东会的有限公司的组织机构设置

在设置股东会的情形下，有限公司各组织机构的设置有如下8种组合：股东会、董事会、监事会、经理组合；股东会、董事会、监事会组合；股东会、董事会、1~2名监事、经理组合；股东会、董事会、1~2名监事组合；股东会、1名执行董事、监事会、经理组合；股东会、1名执行董事、监事会组合；股东会、1名执行董事、1~2名监事、经理组合；股东会、1名执行董事、1~2名监事组合。

2.一个股东的有限公司的组织机构设置

在一个股东的情形下，有限公司各组织机构的设置有如下8种组合：1个股东、董事会、监事会、经理组合；1个股东、董事会、监事会组合；1个股东、董事会、1~2名监事、经理组合；1个股东、董事会、1~2名监事组合；1个股东、1名执行董事、监事会、经理组合；1个股东、1名执行董事、监事会组合；1个股东、1名执行董事、1~2名监事、经理组合；1个股东、1名执行董事、1~2名监事组合。

（三）国有独资公司组织机构设置

以《公司法》（2018修正）第六十四条为准，国有独资公司是指国家单独出资、由国务院或者地方人民政府授权本级人民政府国有资产监督管理机构履行出资人职责的有限责任公司。

《公司法》（2018修正）第六十四条规定：

国有独资公司的设立和组织机构，适用本节（第二章第四节）规定；本节没有规定的，适用本章第一节、第二节的规定。

依据《公司法》（2018修正）第六十六条，国有独资公司不设股东会；依第六十七条，国有独资公司设董事会；依第七十条，国有独资公司设监事会；依第六十八条，国有独资公司设经理。

国有独资公司各组织机构的设置组合为董事会、监事会、经理组合，对应《公司法》（2018修正）关于有限公司组织机构设置一般规定下的"1个股东、董事会、监事会、经理"组合。

三、《公司法》（2023修订）有限公司的组织机构设置

2023年12月29日第十四届全国人民代表大会常务委员会第七次会议表决通过新修订的、将于2024年7月1日起施行的《中华人民共和国公司法》，以下简称《公司法》（2023修订）。

以《公司法》（2023修订）第二条为准，下文所述及之公司亦为依《公司法》（2023修订）在中华人民共和国境内设立的有限公司。

（一）有限公司组织机构设置规定

依据《公司法》（2023修订），有限公司组织机构设置的规定如下：

依据《公司法》（2023修订）第四十二条、第五十八条、第六十条，有限公司由五十人以下的股东设立，以股东会或一个股东的形式行使股东会职权；依第五十九条、第六十七条、第七十五条，有限公司由一人以上的董事经营管理，以董事会或一名董事的形式行使董事会的职权；依第五十九条、第七十六条、第八十三条，有限公司可设监事会，或设一名监事，或不设监事；依第六十九条，有限公司可设审计委员会；依第六十七条、第七十四条，有限公司可设经理。

审计委员会的设置首次出现在《公司法》层面，依据《公司法》（2023修订）第六十九条之规定：

审计委员会，在董事会中设置，由董事组成；其设置具有公司章程规定的优先性，对监事会或监事具有替代性。

（二）有限公司组织机构设置情形

1.无审计委员会情形的有限公司的组织机构设置

在设置股东会且不考虑审计委员会设置的情形下，有限公司各组织机构的设置有12种组合：股东会、董事会、监事会、经理组合；股东会、董事会、监事会组合；股东会、董事会、1名监事、经理组合；股东会、董事会、1名监事组合；股东会、董事会、经理组合；股东会、董事会组合；股东会、1名董事、监事会、经理组合；股东会、1名董事、监事会组合；股东会、1名董事、1名监事、经理组合；股东会、1名董事、1名监事组合；股东会、1名董事、经理组合；股东会、1名董事组合。

在一个股东且不考虑审计委员会设置的情形下，有限公司各组织机构的设置有12种组合：1个股东、董事会、监事会、经理组合；1个股东、董事会、监事会组合；1个股东、董事会、1名监事、经理组合；1个股东、董事会、1名监事组合；1个股东、董事会、经理组合；1个股东、董事会组合；1个股东、1名董事、监事会、经理组合；1个股东、1名董事、监事会组合；1个股东、1名董事、1名监事、经理组合；1个股东、1名董事、1名监事组合；1个股东、1名董事、经理组合；1个股东、1名董事组合。

2.有审计委员会情形的有限公司的组织机构设置

在设置股东会且设置审计委员会的情形下，有限公司各组织机构的设置有2种组合：股东会、董事会、审计委员会、经理组合；股东会、董事会、审计委员会组合。

在一个股东且设置审计委员会的情形下，有限公司各组织机构的设置有2种组合：1个股东、董事会、审计委员会、经理组合；1个股东、董事会、审计委员会组合。

（三）国家出资公司组织机构设置

以《公司法》（2023修订）第一百六十八条为准，国家出资公司是指国家出资的国有独资公司、国有资本控股公司，包括国家出资的有限责任公司、股份有限公司。

《公司法》（2023修订）第一百六十八条规定：

国家出资公司的组织机构，适用本章（第七章）规定；本章没有规定的，适用本法其他规定。

依据《公司法》（2023修订）第一百七十二条，国有独资公司不设股东会；依第一百七十三条，国有独资公司设董事会；依第一百七十四条，国有独资公司设经理。依第一百七十六条，国有独资公司可在董事会中设置由董事组成的审计委员会，行使《公司法》（2023修订）规定的监事会职权；未设置审计委员会的，则设监事会或监事。审计委员会对监事会或监事具有替代性。

有限公司类型的国有独资公司各组织机构的设置组合对应《公司法》（2023修订）关于有限公司组织机构设置一般规定下的"1个股东、董事会、审计委员会、经理"组合、"1个股东、董事会、监事会、经理"组合、"1个股东、董事会、1名监事、经理"组合。

有限公司国有资本控股公司组织机构设置，适用《公司法》（2023修订）存在股东会的14种组合的有限公司组织机构设置的规定。

四、我国公司治理模式的变化

现将前述《公司法》（2018修正）与《公司法》（2023修订）中有限公司组织机构设置组合进行列表对比，详见表4-4。

表4-4　　　　　　　　　　　有限公司组织机构设置组合变化对比

	公司法（2018修正）	公司法（2023修订）
有限公司	①股东会、董事会、监事会、经理组合； ②股东会、董事会、监事会组合； ③股东会、董事会、1~2名监事、经理组合； ④股东会、董事会、1~2名监事组合； ⑤股东会、1名执行董事、监事会、经理组合； ⑥股东会、1名执行董事、监事会组合； ⑦股东会、1名执行董事、1~2名监事、经理组合； ⑧股东会、1名执行董事、1~2名监事组合； ⑨1个股东、董事会、监事会、经理组合； ⑩1个股东、董事会、监事会组合； ⑪1个股东、董事会、1~2名监事、经理组合； ⑫1个股东、董事会、1~2名监事组合； ⑬1个股东、1名执行董事、监事会、经理组合； ⑭1个股东、1名执行董事、监事会组合； ⑮1个股东、1名执行董事、1~2名监事、经理组合； ⑯1个股东、1名执行董事、1~2名监事组合。	①股东会、董事会、监事会、经理组合； ②股东会、董事会、监事会组合； ③股东会、董事会、1名监事、经理组合； ④即股东会、董事会、1名监事组合； ⑤股东会、董事会、经理组合； ⑥股东会、董事会组合； ⑦股东会、1名董事、监事会、经理组合； ⑧股东会、1名董事、监事会组合； ⑨股东会、1名董事、1名监事、经理组合； ⑩股东会、1名董事、1名监事组合； ⑪股东会、1名董事、经理组合； ⑫股东会、1名董事组合； ⑬1个股东、董事会、监事会、经理组合； ⑭1个股东、董事会、监事会组合； ⑮1个股东、董事会、1名监事、经理组合； ⑯1个股东、董事会、1名监事组合； ⑰1个股东、董事会、经理组合； ⑱1个股东、董事会组合； ⑲1个股东、1名董事、监事会、经理组合； ⑳1个股东、1名董事、监事会组合； ㉑1个股东、1名董事、1名监事、经理组合； ㉒1个股东、1名董事、1名监事组合； ㉓1个股东、1名董事、经理组合； ㉔1个股东、1名董事组合； ㉕股东会、董事会、审计委员会、经理组合； ㉖股东会、董事会、审计委员会组合； ㉗1个股东、董事会、审计委员会、经理组合； ㉘1个股东、董事会、审计委员会组合。
国有独资公司	董事会、监事会、经理组合 对应一般有限公司的 1个股东、董事会、监事会、经理组合	①董事会、审计委员会、经理组合对应一般有限公司的1个股东、董事会、审计委员会、经理组合； ②董事会、监事会、经理组合对应一般有限公司的1个股东、董事会、监事会、经理组合； ③董事会、监事、经理组合对应一般有限公司的1个股东、董事会、1名监事、经理组合

表4-4中，有下波浪线的组合是无对应组合的；国有独资公司的对比在《公司法》（2023修订）部分仅选取国家出资公司中有限责任公司类型的国有独资公司。

《公司法》（2018修正）中的有限公司各组织机构设置的组合类型均可在《公司法》（2023修订）中的有限公司各组织机构设置的组合类型中找到对应的或极其相近的，如"股东会、董事会、监事会、经理"组合存在相对应的；"股东会、董事会、1~2名监事、经理"组合与"股东会、董事会、1名监事、经理"组合极其相近。

在表4-4《公司法》（2023修订）有限公司各组织机构设置的组合类型中，⑤股东会、董事会、经理组合，⑥股东会、董事会组合，⑪股东会、1名董事、经理组合，⑫股东会、1名董事组合，⑰1个股东、董事会、经理组合，⑱1个股东、董事会组合，㉓1个股东、1名董事、经理组合，㉔1个股东、1名董事组合，㉕股东会、董事会、审计委员会、经理组合，㉖股东会、董事会、审计委员会组合，㉗1个股东、董事会、审计委员会、经理组合，㉘1个股东、董事会、审计委员会组合等12个组合，相对于《公司法》（2018修正）为新增组合，均无监事会或监事。其中，㉕、㉖、㉗、㉘四个组合是含审计委员会的组合，呈现英美法系治理模式；⑰、⑱、㉓、㉔四个组合是1个股东且无审计委员会的组合，⑤、⑥、⑪、⑫四个组合是有股东会且无审计委员会的组合，该八种组合为家族公司治理模式的基础法律空间。

通过对有限公司组织机构的设置分析，可知《公司法》（2018修正）有限公司的公司治理模式总体上属于大陆法系治理模式，同时存在家族公司治理模式。《公司法》（2023修订）有限公司组织机构的设置，既有大陆法系治理模式，又有英美法系治理模式，二者并存，以大陆法系治理模式为主，同时存在家族公司治理模式，符合公司治理模式的发展趋势，并体现为大陆法系治理模式与英美法系治理模式的融合。

五、《公司法》（2023修订）为创业者提供公司设置的机遇

《公司法》（2023修订）为加快形成新质生产力、推动全国生产力跃迁明晰了发展方向，其核心是创新。各省都以新质生产力发展为基础布局未来产业。随着新质生产力的逐步形成，新质生产力时代已到来。

进入数智时代，重复性、程序性劳动将被智能机器代替，新质生产力时代的劳动者将从"工具人"解放为"创新者"，"个体+AI"的创新型公司也将出现在经济细胞的行列，甚至成为常态。新质生产力时代将是万众创新、大众创业的时代。

公司制企业的创业者的责任有限性为大众创业、万众创新提供了防控风险的保障机制，公司制企业成为创业者首选的组织形式。有限公司制是公司制度的基础，以有限公司为例，对我国公司治理模式的变化研究结论表明：《公司法》（2023修订）提供了公司组织机构设置组合的选择多样性，创业者可结合自身的具体情况，设置公司；《公司法》（2023修订）赋予公司制企业设置的更大可能性，为公司的设立、经济的发展，预配了法治保障、注入了制度活力。

课后习题

一、选择题

1.下列属于利用商业信用筹资的方式有（　　　　）。

A.发行公司债券　　　B.应付账款　　　　C.融资租赁　　　　D.发行优先股

2.下列财务风险低但又能发挥财务杠杆效应的筹资方式是（　　　　）。

A.发行普通股　　　B.发行优先股　　　C.发行公司债券　　　D.向银行借款

3.一般来说，筹资方式中个别资本成本最高的是（　　　　）。

A.发行普通股筹资　　　　　　　　B.留存收益筹资

C.长期借款筹资　　　　　　　　　D.发行公司债券筹资

4.一般来说，与债务筹资相比，吸收直接投资的优点是（　　　　）。

A.资本成本低　　　　　　　　　B.限制条件多

C.财务风险较低　　　　　　　　D.有利于发挥财务杠杆作用

5.下列筹资方式中，资本成本高而财务风险低的方式有（　　　　）。

A.发行公司债券　　　B.向银行借款　　　C.吸收直接投资　　　D.发行股票

6.下列属于权益性筹资的方式有（　　　　）。

A.发行股票　　　　B.长期借款　　　　C.发行公司债券　　　D.利用留存收益

7.与普通股筹资相比，银行借款筹资的特点有（　　　　）。

A.筹资速度较快　　　B.筹资成本高　　　C.弹性好　　　　D.财务风险大

二、综合题

××市××鞋业股份有限公司预测下一年度资金需求量。

1.若使用资金习性预测法，所需的不变资金为 A，随销售收入 Y 变动所需的单位资金为 B，则该公司下一年度的资金需求量 Q 是多少？

2.若使用销售百分比法，上一年销售额为 Y_1，今年销售额为 Y_2，随销售额变化的资产为 A、随销售额变化的负债为 B，则该公司下一年度的资金需求量 Q_y 是多少？

三、延伸学习建议内容

1.回归直线法。

2.银行借款条件。

3.债券发行价格。

4.融资租赁的分类。

5.商业信用条件。

第五章

投资管理

主要知识结构体系：

什么是项目投资？项目投资期限怎么细分？项目投资资金又是如何构成的？

什么是现金流？现金流具体如何估算？

项目投资有哪些评价方法？怎么评价项目？

什么是证券投资？证券投资的风险、收益又是怎么构成的？

债券估值有哪些方法？股票估值有哪些方法？

什么是证券投资组合？证券投资组合的收益、风险如何计算？

证券投资组合有哪些策略和方法？

本章主要围绕上述问题进行课程的基本性阐释。

▶▶▶▶▶▶ 第一节　项目投资

一、项目投资概述

(一) 项目投资的概念

投资是指资源的投入，以期将来获取收益或增值的行为。

项目投资是指对企业内部生产经营所需的各种资产的投资，是以特定项目为投资对象的长期直接投资。项目投资是对内的、长期的、直接投资，主要分为新建项目投资与更新改造项目投资，固定资产项目投资与完整工业项目投资等类别。项目投资具有投入金额大、投资时间长、变现能力差、非经常发生等特点。

(二) 项目投资期与资金构成

1. 项目投资期

项目投资期是从投资建设开始至最终清理结束的整个时间过程。项目投资期包括建设期与生产经营期，通常以年为单位。

2. 项目投资资金与投入方式

投资总额，即项目投入的全部资金。投资总额由原始总投资与建设期资本化利息构成；原始总投资由建设投资与流动资金投资构成；建设投资包括固定资产投资、无形资产投资以及其他资产投资等。原始总投资资金可以一次性投入，也可以分次投入。

二、现金流量

（一）现金流量概述

项目现金的流入、流出为现金流入量、流出量。此处的现金包括货币资金和非货币资金的变现价值，即广义的现金。

项目投资决策以相关现金流量为基础，具体用净现金流量评价。净现金流量即现金流入量减现金流出量的差。

为方便、简化计算，假设全部资金于项目建设期投入完毕；资金流入、流出发生在年初或年末；相关设备的折旧期年限与经营期一致。

（二）现金流量内容

1.现金流出量

项目现金流出量主要包括建设投资、流动资金投资、付现成本、各项税款等项目，其中流动资金投资项目假定发生在建设期期末。

2.现金流入量

项目现金流入量主要包括营业收入、回收固定资产残值、回收流动资金等项目，其中回收固定资产残值、回收流动资金项目假定发生在项目结束时。

（三）现金流量的估算

1.建设期现金流量估算

建设期的现金流量主要是流出量，包括建设投资、流动资金投资等项目。

（1）建设投资

建设投资的现金流量依照固定资产投资、无形资产投资以及其他资产投资的现金流出估算。现金流出量大于现金流入量用"−"号表示，如建设期某年的净现金流量，即等于−原始投资额。

（2）流动资金投资

流动资金投资的现金流量以建设期期末垫付的流动资金的现金流出估算。

2.经营期现金流量估算

经营期的现金流量既有流入量，又有流出量。现金流入量包括营业收入、回收固定资产残值、回收流动资金等；现金流出量包括付现成本、各项税款等。

（1）营业收入

营业收入的现金流量以经营期内年度现销收入的现金流入估算。营业现金净流量可用公式表达如下：

营业现金净流量=营业收入−付现成本−所得税费用

例5-1 :::::

××市××钢业股份有限公司"奋起"项目上一年度的营业收入（全部为现金收入）为2 000万元，经营总成本为1 200万元（全部为付现成本），折旧为200万元。在不考虑所得税的情况下，请计算上一年度年该公司"奋起"项目的营业现金净流量。

解答：

营业现金净流量=营业收入-付现成本-所得税费用

=2 000-1 200

=800（万元）

××市××钢业股份有限公司"奋起"项目的营业现金净流量为800万元。

营业现金净流量，还可以根据税后净利润倒推计算，可用公式描述如下：

营业现金净流量=税后净利+折旧摊销

例5-2 :::::

沿用例5-1，如果××市××钢业股份有限公司适用40%的所得税税率，则该公司上一年度年"奋起"项目的营业现金净流量是多少？

解答：

营业现金净流量=税后净利+折旧摊销

=（2 000-1 200-200）×（1-40%）+200

=560（万元）

××市××钢业股份有限公司"奋起"项目的营业现金净流量为560万元。

营业现金净流量，根据所得税的影响计算，可用公式描述如下：

营业现金净流量=营业收入×（1-税率）-付现成本×（1-税率）+折旧摊销×税率

例5-3 :::::

沿用例5-2，请根据所得税的影响计算公式，计算××市××钢业股份有限公司上一年度年"奋起"项目的营业现金净流量是多少？

解答：

营业现金净流量=营业收入×（1-税率）-付现成本×（1-税率）+折旧摊销×税率

=2 000×（1-40%）-1 200×（1-40%）+200×40%

=560（万元）

××市××钢业股份有限公司"奋起"项目的营业现金净流量为560万元。

（2）付现成本

付现成本的现金流量以经营期内年度总成本费用减去各项折旧、摊销等非付现成本的差作为现金流出估算。

（3）各项税款

各项税款的现金流量以经营期内年度税款的现金流出估算。

（4）回收固定资产残值

回收固定资产残值的现金流量以项目结束时收回的固定资产残值的现金流入估算。

（5）回收流动资金

回收流动资金的现金流量以项目结束时收回的流动资金的现金流入估算。

三、项目投资决策评价

项目投资决策，是对项目投资方案是否可行、何种方案更优作出评判与选择的决策。

项目投资决策的评价以是否考虑时间价值因素区分为静态指标评价和动态指标评价。静态指标评价的方法主要有静态投资回收期法与投资报酬率法，该类评价方法未考虑时间价值因素；动态指标评价的方法主要有净现值法、净现值率法和内含报酬率法，该类评价方法考虑了时间价值因素。

（一）静态指标评价方法

1.静态投资回收期法

静态投资回收期法是以经营期项目现金净流入量抵偿建设期项目原始总投资的现金净流出量所需的时间年限作为评价项目可行与否或优劣的一种方法。静态投资回收期法可用公式表达如下：

$N=T-1+$［第$(T-1)$年的累计净现金流量的绝对值］/第T年的净现金流量

式中，N为回收期；T为项目各年累计净现金流量首次为正值的年份。

以基准回收期为参考，回收期短于基准回收期的则项目可行；多个方案比较的，则回收期最短的项目为佳。

静态投资回收期法没有对项目的全部现金流量进行评价。

例5-4 :::::::

××市××钢业股份有限公司有"奋发""图强"两个投资项目，"奋发"项目的相关资料（含估算资料）见表5-1。

表5-1   **"奋发"项目相关资料表**   单位：万元

时间	年净利润	年折旧额	净现金流量	累计净现金流量
0	—	—	-4 000	-4 000
1	200	800	1 000	-3 000
2	700	800	1 500	-1 500
3	1 200	800	2 000	500
4	1 700	800	2 500	3 000
5	2 200	800	3 000	6 000

如果基准回收期是3年，请问"奋发"项目是否可行？如果"图强"项目的回收期是2.5年，哪个项目更优？

解答：

$N=T-1+$［第（$T-1$）年的累计净现金流量的绝对值］/第 T 年的净现金流量

　　$=3-1+1\ 500/2\ 000$

　　$=2.75$（年）

"奋发"项目回收期为2.75年，小于3年的基准回收期，"奋发"项目可行；"奋发"项目回收期为2.75年，大于"图强"项目的2.5年回收期，"图强"项目更优。

2.投资报酬率法

投资报酬率法是以经营期项目各年利润总额平均值占原始总投资的百分比作为评价项目可行与否或优劣的一种方法。投资报酬率法可用公式表达如下：

$$R = \frac{L}{P} \times 100\%$$

式中，R 为投资报酬率；L 为经营期项目各年利润总额平均值；P 为原始总投资。

以基准投资报酬率为参考，投资报酬率高于基准投资报酬率的则项目可行；多个方案比较的，则投资报酬率最高的项目为佳。

例5-5 ::::::
_____

沿用例5-4，如果"图强"项目的投资报酬率为35%，假定所得税税率为40%，请问××市××钢业股份有限公司"奋发"项目与"图强"项目哪个更优？

解答：

$$R = \frac{L}{P} \times 100\%$$

$$= \frac{(200 + 700 + 1\ 200 + 1\ 700 + 2\ 200)/[(1 - 40\%) \times 5]}{4\ 000} \times 100\%$$

$$= 50\%$$

"奋发"项目的投资报酬率是50%，大于"图强"项目35%的投资报酬率，"奋发"项目更优。

（二）动态指标评价方法

1.净现值法

净现值法是以相应折现率将项目期内各年净现金流量折现的和作为评价项目可行与否或优劣的一种方法。净现值法可用公式表达如下：

$$NPV = \sum_{t=1}^{n} (CI - CO)_t/(1 + i)^t$$

式中，NPV 为净现值；CI 为现金流入量；CO 为现金流出量；i 为基准折现率。

当 $NPV \geqslant 0$ 时，即净现值非负时，项目可行；反之，则项目不可行。多个方案比较的，则净现值最高的项目为佳。

净现值法体现为项目绝对数的比较，但无法反映项目实际收益率。

例5-6 ::::::
_____

沿用例5-4，如果××市××钢业股份有限公司选择的基准折现率是5%，请计算该公司"奋发"项目的净现值。如果"图强"项目的净现值是4 500万元，请问××市××钢业股份有限公司"奋发"项目与"图强"项目哪个更优？

解答：

$$NPV = \sum_{t=1}^{n}(CI - CO)_t/(1 + i)^t$$

=1 000/（1+5%）+1 500/（1+5%）²+2 000/（1+5%）³+2 500/（1+5%）⁴+3 000/（1+5%）⁵-4 000

=952.38+1 360.54+1 727.68+2 056.76+2 350.58-4 000

=4 447.94（万元）

该公司"奋发"项目的净现值是4 447.94万元，小于"图强"项目4 500万元的净现值，"图强"项目更优。

2.净现值率法

净现值率法是以净现值与原始总投资现值的比率作为评价项目可行与否或优劣的一种方法。净现值率法可用公式表达如下：

$$NPVR = \frac{NPV}{P_i} \times 100\%$$

$$P_i = \sum_{t=0}^{n}\frac{CO_t}{(1 + i)^t}$$

式中，$NPVR$为净现值率；P_i为原始总投资现值。

当$NPVR \geq 1$时，即净现值率非负时，项目可行；反之，则项目不可行。多个方案比较的，则净现值率最高的项目为佳。

净现值率法体现为项目相对数的比较，但无法反映项目实际收益率。

例5-7 ∷∷∷∷

沿用例5-4，请计算××市××钢业股份有限公司"奋发"项目的净现值率。如果"图强"项目的净现值率是120%，请问××市××钢业股份有限公司"奋发"项目与"图强"项目哪个更优？

解答：

$$NPVR = \frac{NPV}{P_i} \times 100\%$$

$$= \frac{4\,447.94}{4\,000} \times 100\%$$

$$= 111.20\%$$

××市××钢业股份有限公司"奋发"项目的净现值率是111.20%，小于"图强"项目120%的净现值率，"图强"项目更优。

3.内含收益率法

内含收益率法是以项目净现值为零时的贴现率作为评价项目可行与否或优劣的一种方法。内含收益率IRR，是指$NPV = 0$时的i值，其可用公式表达如下：

$$IRR = i_{NPV_0}$$

式中，IRR为内含收益率；i_{NPV_0}为$NPV = 0$时的i值。

IRR 可通过插值法计算求得，插值法可用公式表达如下：

$$IRR = i_1 + \frac{NPV_1}{NPV_1 + |NPV_2|}(i_2 - i_1)$$

以基准贴现率为参考，内含收益率高于基准贴现率的则项目可行；多个方案比较的，则内含收益率最高的项目为佳。

例5-8 ·:::::

沿用例5-4，请计算××市××钢业股份有限公司"奋发"项目的内含收益率。

解答：

$$NPV = \sum_{t=1}^{n}(CI - CO)_t/(1 + i)^t = 0$$

$1\,000/(1+i) + 1\,500/(1+i)^2 + 2\,000/(1+i)^3 + 2\,500/(1+i)^4 + 3\,000/(1+i)^5 = 4\,000$

运用插值法计算：

首先试算：

当 $i=30\%$ 时，$NPV = 250.44$，此时记为 i_1 为 30% 时 NPV_1 为 250.44；当 $i=35\%$ 时，$NPV = -201.62$，此时记为 i_2 为 35% 时 NPV_2 为 -201.62。

然后插值计算：

$$IRR = i_1 + \frac{NPV_1}{NPV_1 + |NPV_2|}(i_2 - i_1)$$
$$= 30\% + \frac{250.44}{250.44 + 201.62} \times (35\% - 30\%)$$
$$= 32.77\%$$

××市××钢业股份有限公司"奋发"项目的内含收益率为32.77%。

▶▶▶▶▶▶ 第二节　证券投资

一、证券投资概述

（一）证券的概念

证券，是指证明权利人享有相应特定权益的有价凭证，如股票、债券。按照不同的发行主体，证券包括政府证券、金融证券、公司证券等。

（二）证券投资的概念

证券投资，是指投资者进行有价证券的投资，如股票投资、债券投资。通过债券、股票投资，可以获得收益；进行股票投资，可以获取公司的控制权；进行证券组合投资，还可以分散风险。证券投资，因人、因时、因势不同而具有不同的投资目的。

（三）证券投资的风险与收益

证券投资，风险与收益相伴。证券因具有收益性，所以具有投资价值；但其价值的波动性，使其同样具有风险性。也正因为风险性的存在，现实中赋予了证券投资较强的流动性。

1.证券投资的风险

证券投资的风险来自证券价值波动的不确定性，由系统风险与非系统风险构成。系统风险与非系统风险构成总风险。系统风险是指由共性因素引起的全局性风险，又称市场风险；因系统风险是不能通过分散投资降低的，故又称为不可分散风险。非系统风险是指由个性因素引起的个别性风险，又称特质风险；因非系统风险是可以通过分散投资来降低的，故又称为可分散风险。

2.证券投资的收益

证券投资的收益一般包括价差收益和股利（利息）收益两部分。价差收益即出售证券的现价与购买证券的原价的价差，又称资本利得。

证券投资的收益可通过息票收益率、本期收益率、到期收益率和持有期收益率等指标衡量。

二、债券投资与股票投资

（一）债券投资

债券除了国家债券、金融债券、公司债券外，还有折价发行债券、平价发行债券、溢价发行债券，以及零息债券、固定利率债券、浮动利率债券等不同类别的债券。进行债券投资，除获得收益外，还可以发挥调节资金余缺的功能。通常，债券适合保守型长期投资。

1.债券估值

债券价格，即取得投资债券未来收益所付出的成本。债券价格不同于债券的价值，债券价值，即所投资债券未来收益的现值。

（1）按期付息、到期还本债券

按期付息、到期还本债券的估值可用公式表达如下：

$$PV = \sum_{t=1}^{n} \frac{I_t}{(1+i)^t} + \frac{B}{(1+i)^n}$$

式中，PV 为债券的价值；I 为每年的利息；B 表示债券的面值；i 为贴现率；n 为债券计息期数。

例5-9 ••••••

××市××钢业股份有限公司购买5年期债券U并实际持有5年至期满，债券U面值200元，票面利率3%，该债券按年付息、到期还本。请问××市××钢业股份有限公司当

时购买债券的价格上限是多少？（贴现率为5%）

解答：

$$PV = \sum_{t=1}^{n} \frac{I_t}{(1+i)^t} + \frac{B}{(1+i)^n}$$

$$= I \times [P/A, \ i, \ n] + B \times [P/F, \ i, \ n]$$

$$= 200 \times 3\% \times [P/A, \ 5\%, \ 5] + 200 \times [P/F, \ 5\%, \ 5]$$

$$= 200 \times 3\% \times 4.3295 + 200 \times 0.7835$$

$$= 182.68 （元）$$

××市××钢业股份有限公司当时购买债券的价格应该不会超过182.68元。

（2）到期一次还本付息债券

到期一次还本付息债券的估值可用公式表达如下：

$$PV = \frac{B + I \times n}{(1+i)^n}$$

例5-10 ❖❖❖❖❖

沿用例5-9，如果债券U为到期一次还本付息债券，请计算该债券的价值。

解答：

$$PV = \frac{B + I \times n}{(1+i)^n}$$

$$= (B + I \times n) \times [P/F, \ i, \ n]$$

$$= (200 + 200 \times 3\% \times 5) \times [P/F, \ 5\%, \ 5]$$

$$= 180.21 （元）$$

债券U的价值为180.21元。

（3）零息债券

零息债券的估值可用公式表达如下：

$$PV = \frac{B}{(1+i)^n}$$

例5-11 ❖❖❖❖❖

沿用例5-9，如果债券U为零息债券，请计算该债券的价值。

解答：

$$PV = \frac{B}{(1+i)^n}$$

$$= B \times [P/F, \ i, \ n]$$

$$= 200 \times [P/F, \ 5\%, \ 5]$$

$$= 156.70 （元）$$

债券U的价值为156.70元。

债券利息$I = B \times r$，r为债券票面利率。当r大于i时，债券价值高于其面值，溢价发行；当r等于i时，债券价值等于其面值，平价发行；当r小于i时，债券价值低于其面值，折价发行。债券价格与到期收益率成反比。

2.债券投资的特点

债券投资，本金相对安全、收益相对稳定，但收益能力差；存在较大购买力风险与利率风险，但市场流动性强。

（二）股票投资

股票除了普通股、优先股外，还有面额股与无面额股，记名股与无记名股，以及国家股、法人股、个人股、外资股等不同类别的股票。进行股票投资，除获得收益外，长期投资者还可以实现控股目的。通常，股票适合冒险型长期投资。

1.股票估值

股票价格，即取得投资股票未来收益所付出的成本。股票价格不同于股票的价值，股票价值，即所投资股票未来收益的现值。本部分主要阐释普通股的估值。

（1）永久持有的股票

永久持有的股票估值可用公式表达如下：

$$PV = \sum_{t=1}^{\infty} \frac{D_t}{(1+i)^t}$$

式中，D 为每年的利息。

（2）永久持有且股利固定的股票

永久持有且股利固定的股票估值可用公式表达如下：

$$PV = D/i$$

（3）永久持有且股利固定增长的股票

永久持有且股利固定增长的股票估值可用公式表达如下：

$$PV = D_1/(i-g)$$

$$D_1 = D_0(1+g)$$

式中，D_0 为上年股利；D_1 为未来第一年的股利；g 为股利固定增长率。

通常 i 大于 g。

（4）将来出售的股票

将来出售的股票估值可用公式表达如下：

$$PV = \sum_{t=1}^{n} \frac{D_t}{(1+i)^t} + \frac{S}{(1+i)^n}$$

式中，S 为未来出售时预计的股票价格。

优先股可以参照此模型，亦可以参照按期付息、到期还本债券的估值模型。

2.股票投资的特点

股票投资，收益能力强、参与公司经营管理，但收益不稳定；风险高，但市场流动性强。

三、证券投资组合

证券投资组合是指多种有价证券构成的投资集合。多种证券资产组合的投资，能够降低风险或提高收益，实现一定条件下的收益-风险最优。

（一）证券投资组合的收益与风险

1.收益

证券投资组合的收益为组合中各证券预期收益的加权平均数。证券投资组合中各证券的预期收益可借助期望值的公式表达如下：

$$E(X) = \sum_{i=1}^{n} P_i K_i$$

证券投资组合的收益可用公式表达如下：

$$R_p = \sum_{j=1}^{m} E(X)_j W_j$$

式中，R_p 为证券投资组合的收益；W_j 为第 j 种证券在证券投资组合中以投资额计算的权重；m 为证券投资组合中证券的种类总数。

例5-12 ·:·:·:·

魏某为降低风险，购买了甲、乙、丙、丁四只股票，进行组合投资。甲、乙、丙、丁四只股票的预期收益率分别为8%、10%、12%、15%，魏某购买了20万元的甲股票、30万元的乙股票、40万元的丙股票和50万元的丁股票。请计算魏某该组合投资的预期收益率。

解答：

甲、乙、丙、丁四只股票在组合投资中的权重计算如下：

$$W_{甲} = \frac{20}{20+30+40+50} \times 100\% = 14.29\%$$

$$W_{乙} = \frac{30}{20+30+40+50} \times 100\% = 21.43\%$$

$$W_{丙} = \frac{40}{20+30+40+50} \times 100\% = 28.57\%$$

$$W_{丁} = \frac{50}{20+30+40+50} \times 100\% = 35.71\%$$

$$R_p = \sum_{j=1}^{m} E(X)_j W_j$$

$= 8\% \times 14.29\% + 10\% \times 21.43\% + 12\% \times 28.57\% + 15\% \times 35.71\%$

$= 1.14\% + 2.14\% + 3.43\% + 5.36\%$

$= 12.07\%$

魏某该组合投资的预期收益率为12.07%。

2.风险

本部分的风险阐释是系统风险的阐释。单一证券的系统风险，即证券收益变动相对于市场收益变动的敏感程度，用 β 来描述：

当 β 等于1时，证券的收益变动同整个市场的收益变动一致；

当 β 小于1时，证券的收益变动小于整个市场的收益变动；

当β大于1时，证券的收益变动大于整个市场的收益变动。

证券投资组合的系统风险，即证券投资组合收益变动相对于市场收益变动的敏感程度，用β_p来描述：

$$\beta_p = \sum_{j=1}^{m} \beta_j W_j$$

式中，β_p为证券投资组合的系统风险；β_j为证券投资组合中第j种证券的系统风险；W_j为第j种证券在证券投资组合中以投资额计算的权重；m为证券投资组合中证券的种类总数。

例5-13 ∵∵∵∵∵

沿用例5-12，甲、乙、丙、丁四只股票的β值分别为0.8、0.9、1.0、1.2，请计算魏某该组合投资的β_p值。

解答：

甲、乙、丙、丁四只股票在组合投资中的权重分别为14.29%、21.43%、28.57%、35.71%。

$$\beta_p = \sum_{j=1}^{m} \beta_j W_j$$

$= 0.8×14.29\%+0.9×21.43\%+1.0×28.57\%+1.2×35.71\%$

$= 11.43\%+19.29\%+28.58\%+42.85\%$

$= 1.0215$

魏某该组合投资的β_p值为1.0215。

我们不能改变单一证券的系统风险，但我们可以通过替换证券种类，或者改变相关证券在投资组合中的比例来调整证券投资组合的系统风险。

证券投资组合的风险，不但受组合中每种证券的风险影响，同时组合中各证券间的关系也对证券投资组合的风险有重大影响。通常，我们用相关系数ρ来描述证券投资组合中各证券间的关系：

当$\rho=-1$时，证券间的关系是彼此完全负相关，风险是一增一减，若投资比例相同则可以完全抵消风险；

当$\rho=+1$时，证券间的关系是彼此完全正相关，风险是同增同减，则相当于同一种证券不同投资额度的投资风险。

相关系数ρ介于-1至$+1$之间，现实中ρ位于0.5至0.7之间，所以通过组合投资可以减少风险，但不能完全消除风险，故多只证券的投资组合本身就可以降低风险。

3.风险与收益的关系

证券投资组合的风险与收益关系，可以公式表达如下：

投资组合的必要收益率=无风险收益率+风险收益率

借助资本资产定价模型（CAPM）的公式表达：

$R = R_f + \beta × (R_m - R_f)$

R_f与R_m为常数，则$R = R_f + \beta × (R_m - R_f)$是以$\beta$为自变量、$R$为因变量的直线方程；

用图表示为证券市场线（SML）。

（二）证券投资组合的策略与方法

1. 策略

依据风险与收益的关系，可以将证券的投资组合区分为三种组合策略：

（1）收益高、风险大的冒险型策略；

（2）收益比较好、风险不太大的适中型策略；

（3）收益不高、风险不大的保守型策略。

2. 方法

现实中，选取足够量的证券进行组合投资，可以降低风险；选取适当比例的风险大、中、小的证券进行组合投资，可以降低风险；选取存在风险收益负相关的证券进行组合投资，可以降低风险。

当风险发生概率高、结果损失大时，应采取风险规避措施；当风险发生概率低、结果损失大时，应采用风险转移措施；当风险发生概率高、结果损失小时，可采用风险减轻措施；当风险发生概率低、结果损失小时，可以接受风险。

拓展阅读

新质生产力下之公司劳动者治理，《公司法》（2023修订）保障先行

关键词：新质生产力；人工智能；劳动者治理；公司法；资源结构

文章导读：《新质生产力下之公司劳动者治理，〈公司法〉（2023修订）保障先行》，基于新质生产力时代人工智能的发展趋势与人工智能未来的广泛应用，以及未来劳动者的形态与"个体+AI"一人投资设立公司出现的现实，重新从利益相关者视角对劳动者予以了思考。通过阅读、学习本文，为学生将来投资创业、公司治理提供未来视野；本文是将投资创业置身于科技发展、时代发展下的思考，是对未来劳动者作为最为重要的利益相关者的公司治理与《公司法》保护的思考。

利益相关者理论促进了企业管理理念、模式的转变，受到经济学家、管理学家的高度重视。主流经济学认为在企业中投入了专用性资产的个体或群体才是利益相关者，一般包括投资者（包括股东）、债权人、管理者、普通员工、供应商、销售商、消费者、政府和一些特殊的利益团体。

企业价值最大化，离不开利益相关者价值最大化；充分的利益相关者价值最大化，离不开对利益相关者的认知；利益相关者是时代的利益相关者，须置身于时代中去认知。

一、新质生产力时代利益相关者之劳动者

2023年9月7日，习近平总书记在召开的新时代推动东北全面振兴座谈会上强调："积极培育新能源、新材料、先进制造、电子信息等战略性新兴产业，积极培育未来产业，加快形成新质生产力，增强发展新动能"，首次提出"新质生产力"；9月8日，

习近平总书记再次指出："整合科技创新资源，引领发展战略性新兴产业和未来产业，加快形成新质生产力。"为全国推动生产力跃迁明晰了发展方向。

（一）新质生产力的理解

中央财办对新质生产力的解读是"由技术革命性突破、生产要素创新性配置、产业深度转型升级而催生的当代先进生产力"，其内涵的核心是创新。新质生产力作为新一轮科技革命和产业变革的必然产物，具有高水平、先进性、引领性、现代化的突出特征。

2023年12月，中央经济工作会议强调，要以颠覆性技术和前沿技术催生新产业、新模式、新动能，发展新质生产力；同月，贵州省委经济工作会议提出，以人工智能等为重点加快培育新质生产力。

当前，以数字生产力、绿色生产力、蓝色生产力为代表的新质生产力加快发展，不少省份都在围绕新质生产力布局未来产业。

（二）新质生产力创新型劳动者的要求

2023年5月，习近平总书记在二十届中共中央政治局第五次集体学习时指出："人才是第一资源，科技是第一生产力，创新是第一动力"，充分指明了人才是科技创新进而形成新质生产力的现实主体。

在生产力三要素中，劳动者作为物质要素的创造者和使用者，是起主导作用的要素。

劳动者全面发展与生产力发展之间具有辩证统一性，劳动者的全面发展为生产力的进步提供智力条件，生产力的发展反过来促进劳动者的自由全面发展。人作为生产力的基本要素和科技创新的实施主体，必须认识到，发展新质生产力最为关键的是人的转型，劳动者的创新能力和综合素质是加快形成新质生产力的关键。

（三）人工智能时代的劳动者需求

在以人工智能为核心的第四次科技革命浪潮中，人才的作用尤为突出。智力是凝结在劳动者身上的认知能力、创意能力、行动能力以及心理素质和意志品质等。智力的创造、传播和应用成为推动经济增长的关键，没有劳动者数智化技能的跃升就没有新质生产力的发展，掌握数智化技能的劳动者是新质生产力创造和使用过程中最活跃、最具决定性意义的能动主体。在数智化革命的推动下，现阶段劳动者接受教育和技能培训的程度远超历史任何时期，其视野、知识、能力、智商、情商得到极大拓展和提升，其劳动素质达到新高度，能够操作、控制、维护数字技术和设备，成为新时代新质生产力劳动者的标配。

（四）人工智能时代的劳动者形态

人才缺乏不仅限制了宏观科技视野和科技战略规划，还对微观高精尖技术的研发和突破造成了威胁。无论是国家政策，还是企业的具体经营，都需要人才的贯彻落实。

进入数智时代，大量体力和脑力的重复性、程序性劳动被日益精进的智能机器所代替。目前来看，ChatGPT、DaLL.E、Stable Diffusion、Github Copilot等一系列易于使用的生成式人工智能应用程序，极大地丰富了知识工作者的"工具箱"。

埃森哲预测，到2030年，全球75%的知识工作者每天都要与由基础模型支持的应用程序、服务或代理进行互动。其结果是，劳动者不再是困在格子间里或生产线上的工具人，而是灵活响应市场需求和持续创新的主人翁；更值得期待的是，随着能够自主规划和执行任务的通用智能体（AI Agent）迭代进化，"个体+AI"的一人公司不再是想象，善于"制造想法"的超级个体已经显露端倪。

由上可知，新质生产力时代，凸显了劳动者创新能力和综合素质的重要性；劳动者是新质生产力时代最为必要予以重新认识的利益相关者。

二、劳动者受《公司法》（2023修订）保护

2023年12月29日第十四届全国人民代表大会常务委员会第七次会议表决通过了新修订的拟于2024年7月1日起施行的《公司法》。

《公司法》（2023修订）对劳动者的保护，第一条已开宗明义：

为了规范公司的组织和行为，保护公司、股东、职工和债权人的合法权益，完善中国特色现代企业制度，弘扬企业家精神，维护社会经济秩序，促进社会主义市场经济的发展，根据宪法，制定本法。

《公司法》对劳动者的保护还体现在第十六条、第十七条的职工保护，第二十条的职工、消费者、社会与生态环境保护。

在第三章、第五章突出了职工通过董事会、监事会参与公司治理，在第十二章亦有体现，第十章则从公司财务、会计视角为各利益相关者的保护提供了保障。

三、《公司法》（2023修订）利益相关者治理下的劳动者保护

依资源结构治理理论，公司在本质上是一组不完全的、具有特定相互依赖性的资源投入契约的履行过程；资源投入者即利益相关者。公司是由利益相关者以资源作为出资契约而成的，公司的存在与发展离不开利益相关者。新质生产力时代，劳动者的创新能力和综合素质将成为公司黏合度最高的资源之一。

公司是各方共赢的契约产物，其存续状态是各利益相关者契约关系动态处理结果的呈现，处理好利益相关者之间的关系是实现公司价值最大化的前提，故公司价值最大化与利益相关者价值最大化在方向上具有一致性。所以，公司治理的主旨应是在保护利益相关者价值最大化的基础上实现公司价值最大化。《上市公司治理准则》曾在制度层面上对利益相关者利益保护做了相应规定。新质生产力时代，具有创新能力和综合素质的劳动者成为公司利益相关者治理最为重要的内容之一。

利益相关者理论被认为是帮助人们认识、理解现实公司的工具，在新质生产力时代，劳动者，具有创新能力和综合素质的劳动者将成为我们认识公司的重要组成部分。《公司法》（2023修订）在新质生产力时代开启之际，对劳动者参与公司治理视角的权益保护，是对公司重要利益相关者的劳动者治理寄予的厚望。

课后习题

一、选择题

1.下列不属于项目投资特点的是（　　　）。

A.投资金额大　　　　B.影响时间长　　　　C.不经常发生　　　　D.变现能力快

2.下列关于经营期营业现金净流量的描述不正确是（   ）。

A.营业现金净流量=营业收入–付现成本–所得税费用

B.营业现金净流量=税后净利+折旧

C.营业现金净流量=营业收入×（1–税率）–付现成本×（1–税率）+折旧×税率

D.营业现金净流量=营业收入×（1–税率）–付现成本–所得税费用

3.X证券的β系数等于1，则表明该证券（   ）。

A.与市场所有证券平均风险一致　　　　B.比市场所有证券平均风险高一倍

C.风险非常低　　　　　　　　　　　　D.无风险

4.证券市场组合的期望报酬率为15%，某投资人自有资金为300万元，其中120万元按照无风险报酬率5%购买短期国债，剩余的180万元进行证券投资，该投资人的期望报酬率是（   ）。

A.11%　　　　　　　B.12%　　　　　　　C.10.2%　　　　　　D.10%

5.下列属于建设投资资金的有（   ）。

A.固定资产投资　　B.无形资产投资　　C.生产准备所需资金　　D.开办费用

6.下列方法中，考虑货币时间价值的有（   ）。

A.内含收益率法　　B.净现值法　　　　C.净现值率法　　　　D.静态回收期法

7.下列属于证券投资特点的有（   ）。

A.流动性强　　　　　　　　　　　　　B.证券投资不同于项目投资，只具有系统风险

C.交易成本相对低　　　　　　　　　　D.价值稳定性差

8.下列选项中，属于投资项目现金流出量的有（   ）。

A.付现销售费用　　B.折旧与摊销　　　C.垫支营运资本　　　D.固定资产投资

二、计算题

1.××市××钢业股份有限公司拟发行5年期公司债券，债券面值1 000元，票面利率为3%，每年12月31日付息一次，到期一次还本，请计算该债券的价值。（贴现率为5%）

2.××市××钢业股份有限公司发行的股票，采用固定股利政策，每年每股固定分派股利3元，请问该股票的价值是多少？（贴现率为8%）

3.卫某以800元购买了××市××钢业股份有限公司刚刚发行的零息债券，债券面值1 000元，期限5年。请问该债券的收益是多少？

4.××市××钢业股份有限公司根据公司发展需要，采用固定股利与固定增长股利相结合的股利政策，即未来3年实行固定股利政策，股利每年为20元/股；自第4年起转为实行固定增长股利政策，股利增长率为5%。请计算该股票的价值。（贴现率为10%）

三、综合题

（1）××市××钢业股份有限公司拟增加一条新的生产线，需购买新设备一台，现有A、B两个方案，具体信息见表5–2。

表5-2 A、B两个方案具体信息

方案	A方案	B方案	备注
原始投资额（元）	400 000	320 000	1. 销售收入为现金收入； 2. B方案第2年起每年增加修理费1 000元； 3. 按直线法计提设备折旧； 4. 适用的所得税税率为40%
使用寿命（年）	5	5	
设备残值（元）	0	20 000	
销售收入/年（元）	150 000	120 000	
付现成本/年（元）	30 000	20 000（第1年）	

公司现需要明确两个方案的各年净现金流量，请计算投产后每一年的净现金流量。

（2）××市××钢业股份有限公司资金充足，现有A、B、C三个项目可供投资选择：

A项目，原始投资额10 000元，期限5年；B项目，原始投资额18 000元，期限5年；C项目，原始投资额18 000元，期限8年。三个项目的原始总投资均为设备投资，设备均无残值，设备折旧采用直线法计提。具体资料详见表5-3。

表5-3 A、B、C三个项目具体资料

项 目	A项目	B项目	C项目
原始投资额（元）	10 000	18 000	18 000
期限（年）	5	5	8
净现金流量/年（元）	4 000	6 500	5 000

请分别依据下列方法确定最佳的投资方案。（涉及贴现率的，适用10%；适用的所得税税率为40%）

①静态回收期法。

②投资报酬率法。

③净现值法。

④净现值率法。

⑤内含收益率法。

四、延伸学习建议内容

1. 确定现金流量的更多假设。

2. 项目投资评价的其他方法。

3. 项目投资程序。

4. 息票收益率、本期收益率、到期收益率和持有期收益率的计算。

5. 基金投资。

第六章

营运资金管理

主要知识结构体系:

什么是营运资金?

营运资金之现金的范围是什么?最佳现金持有量的确定方法有哪些?

营运资金之应收账款的范围是什么?应收账款信用政策如何分析?

营运资金之存货的范围是什么?存货的最佳订货量如何确定?

本章主要围绕上述问题进行课程的基本性阐释。

营运资金,即企业日常运营所需的资金。营运资金通常指流动资产减去流动负债后的净额,是企业投入日常经营活动的资本,可用公式表达如下:

营运资金总额=流动资产总额-流动负债总额

流动资产主要指库存现金、应收账款、存货等;流动负债主要指短期借款、应付账款、应付票据等。营运资金以上述内容为主要管理范畴,本章主要介绍现金管理、应收账款管理、存货管理。

▶▶▶▶▶▶ 第一节 现金管理

一、现金管理概述

现金是最主要的流动资产,其流动性最强、获利能力最弱。

正是基于现金的流动性,企业需要持有现金,以应对突发事件,起到预防作用,保证企业生存;同时,现金的预防性作用还表现在维持企业日常经营的需要,应对企业现金流入流出的非同步性问题。企业持有现金还具有投机性,可以让企业把握投资机遇。

本部分所阐释的现金是指库存现金、银行存款和其他货币资金;有价证券作为现金的替代品,也属于本部分现金的组成内容。

二、现金持有量的确定

现金管理是基于现金持有的管理。企业持有现金,强化了企业的流动性,但同时也弱化了其获利性。现金管理的实质就是在其流动性与获利性之间进行适当的抉择,即确定最佳的现金持有量。

(一)现金周转模式

现金周转模式是依据企业现金的需求总量与周转速度确定最佳现金持有量的一种方法。可用公式表达如下:

最佳现金持有量=预计年现金需求总量÷年现金周转次数

其中：

现金周转次数=360天÷现金周转期

现金周转期是指从现金支付到现金收回被占用的期间。基于现金交易，企业购买原材料的现金支付，形成存货的现金占用，直至产品销售的现金收回，从现金支付到现金收回是现金被占用的期间；赊销的存在，形成应收账款占用现金的期间；赊购的存在，形成应付账款占用供应商现金的期间，抵减了本企业现金的占用时间。现金周转期可用公式表达如下：

现金周转期=存货的周转期+应收账款的周转期−应付账款的周转期

例6-1 ∷∷∷∷

××市××胶业股份有限公司存货的周转期是50天，应收账款的周转期是30天，应付账款的周转期是40天，公司年现金需求量为360万元，请计算该公司的最佳现金持有量。

解答：

现金周转期=存货的周转期+应收账款的周转期−应付账款的周转期

　　　　=50+30−40

　　　　=40（天）

现金周转次数=360天/现金周转期

　　　　　=360/40

　　　　　=9（次）

最佳现金持有量=预计年现金需求总量/年现金周转次数

　　　　　　=360/9

　　　　　　=40（万元）

××市××胶业股份有限公司的最佳现金持有量为40万元。

（二）成本分析模式

成本分析模式是依据企业持有现金的成本确定最佳现金持有量的一种方法。

企业持有现金，本身即形成管理成本；基于现金的获利能力，企业持有现金，又涉及机会成本；基于现金的流动性，企业持有现金，还可能涉及短缺成本。

企业持有现金的管理成本，即持有现金所产生的日常管理费用。

企业持有现金的机会成本，与现金持有量相关。现金持有量越多，机会成本越高；现金持有量越少，机会成本越低。企业持有现金的机会成本，一般以短期有价证券的收益来衡量。

企业持有现金的短缺成本，是因现金短缺而使企业蒙受的损失，与现金持有量相关。现金持有量越多，短缺成本越低；现金持有量越少，短缺成本越高。

成本分析模式即寻找上述三项成本最低的现金持有量的模式。

三、存货模式

存货模式是通过对企业持有现金的流动性与获利能力的综合衡量来确定最佳现金持有量的一种方法。有价证券作为现金的替代品，与现金之间的转换，满足了存货模式的现金流动性与获利能力的综合衡量之设计。

存货模式仍然以总成本最低时的现金持有量为最佳现金持有量。以成本分析模式为基础，存货模式可排除管理成本、短缺成本对最佳现金持有量的影响；但现金与有价证券之间的转换，又产生了交易成本，故交易成本与机会成本是决定存货模式下最佳现金持有量的关键。其总成本可用公式表达如下：

总成本=交易成本+机会成本

对于机会成本，企业每次转换为现金的金额越多，企业的机会成本就越高；反之则反。

对于交易成本，在企业总的现金需求量相对稳定的情况下，每次转换为现金的金额越多，则转换的次数越少，如果每次的交易成本固定，则总交易成本就越低；反之则反。

存货模式可以通过模型阐释如下：

$$TK = T + K$$
$$T = t \times Q/q$$
$$K = k \times q/2$$

式中，TK 为总成本；T 为总交易成本；K 为机会成本；Q 为企业一定期限的现金需求总量；q 为每次转换的现金量，即现金持有量；t 为每次的固定交易成本；k 为证券收益率。

假定现金支出为匀速变动，由曲线 $T = t \times Q/q$ 可知，总交易成本 T 与现金持有量 q 呈反向变动；由直线 $K = k \times q/2$ 可知，机会成本 K 与现金持有量 q 呈正向变动。两线相交时，即 $T=K$ 时，总成本 TK 最小，该交点的现金持有量即为最佳现金持有量 q^*。

当 $T=K$ 时，即 $t \times Q/q^* = k \times q^*/2$，则 $q^* = \sqrt{2Qt/k}$。

例6-2 ∷∷∷∷

××市××胶业股份有限公司采用存货模式进行现金管理，公司年现金需求量为8 000万元，与证券的转换成本为100元/次，对应证券的收益率为10%，请计算该公司的最佳现金持有量。

解答：

$$q^* = \sqrt{2Qt/k}$$
$$= \sqrt{2 \times 80\,000\,000 \times 100/10\%}$$
$$= 400\,000 \,（元）$$

××市××胶业股份有限公司的最佳现金持有量为40万元。

▶▶▶▶▶▶▶ 第二节　应收账款管理

一、应收账款管理概述

由于销售与收款存在时间差，因此应收账款客观地存在，但随着结算手段的改变，其范围在缩小；在契约社会中、市场经济下，实际上应收账款主要源于商业竞争，属于商业信用。应收账款属于流动资产，是企业为了扩大销售而进行的投资。本部分所阐释的应收账款是指应收账款、应收票据与其他应收款等。

投资是以期将来获取收益或增值的行为，但投资即有成本。应收账款管理就是在应收账款投资的收益增加与成本增加之间的权衡抉择。

（一）应收账款的收益

应收账款的收益体现在应收账款信用政策带来的销售增加所增加的利润，可用公式表达如下：

$$\Delta M = \Delta q \times m$$

式中，ΔM 为因应收账款信用政策增加的收益；Δq 为因应收账款信用政策增加的销售量；m 为单位边际贡献。

（二）应收账款的成本

应收账款作为投资，其资金的占用有机会成本产生；应收账款的管理，存在收账的费用；应收账款不能收回，还存在着坏账损失。机会成本、收账费用与坏账损失是应收账款的主要成本。

1.机会成本

应收账款机会成本可用公式表达如下：

$$K = Q \times k$$

式中，K 为应收账款机会成本；Q 为应收账款占用资金；k 为资金成本。

其中，应收账款占用资金可用公式表达如下：

$$Q = O \times v'$$

式中，O 为应收账款平均余额；v' 为变动成本率。

其中，应收账款平均余额可用公式表达如下：

$$O = o \times n$$

式中，o 为日销售额；n 为平均收现期。

2.应收账款总成本

应收账款总成本可用公式表达如下：

$$KSH = K + S + H$$

式中，KSH 为应收账款总成本；S 为收账费用；H 为坏账损失。

例6-3 ∵∴∵∴

　　××市××胶业股份有限公司应收账款付款的信用政策是 N/30，为扩大销售，拟将信用政策更改为 N/45，其他赊销相关资料详见表6-1。

表6-1　　　　　　　　　　　　　信用政策相关信息表

信用政策 项目	N/30	N/45
销售量（件）	12 000	16 000
销售额（元）	240 000	320 000
变动成本（元）	180 000	240 000
边际贡献总额（元）	60 000	80 000
固定成本（元）	30 000	30 000
收益（元）	30 000	50 000
发生的坏账损失（元）	6 000	8 000
发生的收账费用（元）	4 000	6 000

　　注：公司的平均投资报酬率为8%。

　　请根据给定材料对两个信用政策进行比较。

　　解答：

　　N/45信用政策相对于N/30信用政策的收益分析：

　　（1）增加的收益

　　增加的收益=80 000-60 000=20 000（元）

　　（2）增加的成本

　　①增加的机会成本

　　N/30信用政策应收账款的机会成本：

　　应收账款机会成本=8%×180 000×30/360=1 200（元）

　　N/45信用政策应收账款的机会成本：

　　应收账款机会成本=8%×240 000×45/360=2 400（元）

　　增加的机会成本=2 400-1 200=1 200（元）

　　②增加的坏账损失

　　增加的坏账损失=8 000-6 000=2 000（元）

　　③增加的收账费用

　　增加的收账费用=6 000-4 000=2 000（元）

　　增加的成本=1 200+2 000+2 000=5 200（元）

　　（3）N/45信用政策较N/30信用政策增加的收益

　　N/45信用政策增加的收益：20 000-5 200=14 800（元）

　　××市××胶业股份有限公司N/45信用政策较N/30信用政策增加收益14 800元。

二、信用政策

应收账款投资的效果，取决于应收账款信用政策。应收账款信用政策由信用期间与信用标准，以及现金折扣政策组成。

（一）信用期间

信用期间是指在赊销情况下企业给予买方的付款期限。例如，$N/60$表示买方赊购后有60天的付款期限，即信用期限为60天。

（二）信用标准

信用标准是指买方获得商业信用的基本条件。例如，$5C$的信用标准，表示买方获得商业信用所应具备的信誉品质、偿债能力、资本实力、可抵押资产以及经济逆境的付款应对能力等五个方面的基本条件。

（三）现金折扣政策

现金折扣是企业为缩短收款期，鼓励买方提前付款，而给予其商品价格上的折扣。例如"1/20，$N/30$"的现金折扣政策，表示买方20天内付款享受1%的价格优惠，第21天至第30天付款无价格优惠。

例6-4 ⋮⋮⋮⋮

沿用例6-3，如果××市××胶业股份有限公司拟将信用政策更改为"1/30，$N/45$"，而不是"$N/45$"，估计有1/4的客户会选择享受现金折扣。其他资料不变，请对两个信用政策进行比较。

解答：

1/30，$N/45$信用政策相对于$N/30$信用政策的收益分析：

（1）增加的收益

增加的收益=80 000-60 000=20 000（元）

（2）增加的成本

①增加的机会成本

$N/30$信用政策应收账款的机会成本：

应收账款机会成本=8%×180 000 ×30/360=1 200（元）

1/30，$N/45$信用政策应收账款的机会成本：

应收账款机会成本=$\frac{1}{4}$×8%×240 000 ×30/360+$\frac{3}{4}$×8%×240 000 ×45/360=2 200（元）

增加的机会成本=2 200-1 200=1 000（元）

②增加的坏账损失

增加的坏账损失=8 000-6 000=2 000（元）

③增加的收账费用

增加的收账费用=6 000-4 000=2 000（元）

④增加的现金折扣成本

增加的现金折扣成本=$320\ 000×1\%×\dfrac{1}{4}$=800（元）

增加的成本=1 000+2 000+2 000+800=5 800（元）

（3） 1/30，N/45信用政策较N/30信用政策增加的收益

增加的收益=20 000-5 800=14 200（元）

××市××胶业股份有限公司"1/30，N/45"信用政策较N/30信用政策增加收益14 200元。

▶▶▶▶▶▶▶ 第三节　存货管理

一、存货管理概述

基于生产、销售等经营需要，有必要进行存货储备；基于成本考虑的原材料采购，也可以进行存货储备。存货属于流动资产，是企业为了保证经营、扩大销售以提高利润而进行的投资。本部分所阐释的存货主要是原材料与库存商品，同时也包括在产品、半成品和产成品等。

存货管理的目标就是在权衡存货效益与成本的基础上实现总成本最低。

二、成本与最佳订货量

存货从取得到销售，涉及取得成本、储存成本，如果储备不足，还涉及缺货成本。在一定意义上讲，存货管理就是要实现上述三项成本之和的最小化。存货的总成本可用公式表达如下：

$YCD = Y + C + D$

式中，YCD为存货的总成本；Y为取得成本；C为储存成本；D为短缺成本。

（一）取得成本

取得成本可用公式描述如下：

$Y = Y_d + Y_g$

式中，Y_d为订货成本；Y_g为购置成本。

取得成本中的订货成本可用公式描述如下：

$Y_d = Y_{df} + Y_{dv}$

式中，Y_{df}为固定订货成本；Y_{dv}为总变动订货成本。

其中，总变动订货成本可用公式描述如下：

$$Y_{dv} = t \times Q/q$$

式中，t 为每次变动订货成本；Q 为一定期限的存货需求量；q 为每次的订货量。

取得成本中的购置成本可用公式描述如下：

$$Y_g = Q \times p$$

式中，p 为订货单价。

（二）储存成本

储存成本可用公式描述如下：

$$C = C_f + C_v$$

式中，C_f 为固定储存成本；C_v 为变动储存成本。

其中，变动储存成本可用公式描述如下：

$$C_v = c_d \times q/2$$

式中，c_d 为单位储存成本。

（三）最佳订货量

假定在有效市场条件下不存在缺货的可能，并且企业存货是匀速消耗的，总成本 YCD 则不受缺货成本 D 的影响，则总成本可用公式描述如下：

$$YCD = Y_{df} + t \times Q/q + Q \times p + C_f + c_d \times q/2$$

可见，总成本 YCD 的大小取决于 $Y_{dv} = t \times Q/q$、$Y_g = Q \times p$ 与 $C_v = c_d \times q/2$ 三者的变化；如果需求量 Q 稳定且已知，存货单价 p 不变且已知，则总成本 YCD 的大小取决于 $Y_{dv} = t \times Q/q$ 与 $C_v = c_d \times q/2$，则与批量有关的总成本 YCD^* 可用公式描述如下：

$$YCD^* = t \times Q/q + c_d \times q/2$$

由曲线 $Y_{dv} = t \times Q/q$ 可知，总变动订货成本 Y_{dv} 与每次的订货量 q 呈反向变动；由直线 $C_v = c_d \times q/2$ 可知，变动储存成本 C_v 与每次的订货量 q 呈正向变动。两线相交时，即 $Y_{dv} = C_v$ 时，则与批量有关的总成本 YCD^* 最小，该交点的每次订货量即为最佳订货量 q^*。

当 $Y_{dv} = C_v$ 时，即 $t \times Q/q^* = c_d \times q^*/2$，则 $q^* = \sqrt{2Qt/c_d}$。

此时，与批量有关的总成本可用公式表达如下：

$$YCD^* = \sqrt{2Qtc_d}$$

最佳订货次数可用公式表达如下：

$$N^* = Q/q^*$$

式中，N^* 为最佳订货次数。

最佳订货周期可用公式表达如下：

$$n^* = 360/N^*$$

式中，n^* 为最佳订货周期。

最佳订货量的资金占用可用公式表达如下：

$$F = pq^*/2$$

式中，F 为最佳订货量占用的资金。

第六章　营运资金管理

例6-5 ••••••

    ××市××胶业股份有限公司产品生产年需甲材料800 000千克，该材料采购单价为100元/千克，每次订货成本为90元，材料单位年储存成本为9元，请计算该公司的最佳订货量、与批量有关的总成本、最佳订货次数、最佳订货周期与最佳订货量的资金占用。

    解答：

    最佳订货量：

$$q^* = \sqrt{2Qt/c_d}$$
$$= \sqrt{2 \times 800\,000 \times 90/9}$$
$$= 4\,000\ （千克）$$

××市××胶业股份有限公司的最佳现金持有量为4 000千克。

    与批量有关的总成本：

$$YCD^* = \sqrt{2Qtc_d}$$
$$= \sqrt{2 \times 800\,000 \times 90 \times 9}$$
$$= 36\,000\ （元）$$

××市××胶业股份有限公司与批量有关的总成本为36 000元。

    最佳订货次数：

$$N^* = Q/q^*$$
$$= 800\,000/4\,000$$
$$= 200\ （次）$$

××市××胶业股份有限公司最佳订货次数为200次。

    最佳订货周期：

$$n^* = 360/N^*$$
$$= 360/200$$
$$= 1.8\ （天）$$

××市××胶业股份有限公司最佳订货周期为1.8天。

    最佳订货量的资金占用：

$$F = pq^*/2$$
$$= 100 \times 4\,000/2$$
$$= 200\,000\ （元）$$

××市××胶业股份有限公司最佳订货量的资金占用为20万元。

拓展阅读

基于《民法典》第416条的企业赊销投融资模式效益分析

关键词：《民法典》第416条；赊销；应收账款；投融资

文章导读： 文章《基于〈民法典〉第416条的企业赊销投融资模式效益分析》，以本章"应收账款管理"之"信用政策"内容为基础，结合《民法典》第416条的具体法律条文，以赊销投融资模式效益分析的事例形式阐释了法治因素助力信用政策的实施。通过阅读、学习本文，引导学生在法治基础上充分发挥信用的融投资效用；本文是《财务管理》专业知识与思政元素融合，财务内容与法治内容结合，复合型、实践性的知识阐释示范。

赊销指用赊欠的方式销售，是商品流通发展的产物，随着商品经济的发展逐渐成为商业习惯。赊销以信用为基础，使商品的让渡和商品价值的实现在时间上分离开来，使货币由流通手段转变为支付手段，支付所对应的是应收账款，相当于卖方为买方提供的一笔短期资金。使卖方成为债权人，买方成为债务人，使债权债务关系在商品买卖过程中产生，其实质上是一种信用形式。

从融、投资角度讲，应收账款对于买方而言是融资，对于卖方而言是投资。买方可以利用卖方的资金，缓解自己的资金压力，并可以利用卖方的钱来赚钱；对买方有利，亦对卖方有利，能够扩大销售，提高竞争力，利于扩大投资。

一、赊销效益的衡量

进入资本主义社会，赊销则更为普遍，表现为消费信用与企业间的商业信用（以下均以企业间的商业信用为基础进行探讨）。在商业竞争激烈的今天，赊销仍是企业扩大销售的有效手段之一。

应收账款是企业的一项资金投放，是为扩大销售及盈利的投资；应收账款的投资效果表现为赊销所扩大的销售带来的盈利水平，亦是赊销效益的反映，具体取决于应收账款信用政策。

（一）应收账款的收益与成本

1.应收账款的收益

应收账款的收益体现在销售所带来的利润。

增加的收益=销售量的增加×单位边际贡献

单位边际贡献=单价−单位变动成本

2.应收账款的成本

应收账款的成本主要包括机会成本、坏账损失、收账费用。

（1）机会成本

机会成本是指将资金投放于应收账款而不能进行其他投资所丧失的收益。

应收账款机会成本=应收账款占用资金×资金成本

应收账款占用资金=应收账款平均余额×变动成本率

应收账款平均余额=日销售额×平均收现期

（2）坏账损失

坏账损失是指应收账款不能收回而给企业带来的损失。

（3）收账费用

收账费用是指在催收应收账款过程中发生的各项支出。

（二）应收账款信用政策

赊销的效果依赖于企业的应收账款信用政策产生。应收账款信用政策包括信用期间、信用标准和现金折扣政策。

1.信用期间

信用期间是企业给予买方的付款期限。例如，$N/30$表示允许买方购货后30天内付款。

2.信用标准

信用标准是指买方获得商业信用应具备的条件。例如，5C标准，即品质、能力、资本、抵押、经济状况。

3.现金折扣政策

现金折扣是企业为缩短收款期而给予买方商品价格上的折扣。例如，"1/20"表示20天内付款享受1%的价格优惠。

（三）示例分析

示例：

某公司原来采用30天按发票金额付款的信用政策，现拟将信用期间放宽至60天，该公司的最低投资报酬率为10%，其他有关资料见表6-2。

表6-2 信用期间决策资料表

信用期 项目	30天	60天
销售量（件）	9 600	12 000
销售额（元）（50元/件）	480 000	600 000
变动成本（40元/件）	384 000	480 000
边际贡献总额	96 000	120 000
固定成本（元）	50 000	50 000
收益（元）	46 000	70 000
发生的坏账损失（元）	5 000	7 000
发生的收账费用（元）	5 000	8 000

注：变动成本率=单位变动成本/单价

现就放宽信用期间得到的收益与对应成本进行差额分析如下：

1.增加的应收账款收益

单位边际贡献=单价-单位变动成本=50-40=10（元）

增加的收益=销售量的增加×单位边际贡献=（12 000-9 600）×10=24 000（元）

2.增加的应收账款成本

30天信用期应收账款的机会成本：

应收账款平均余额=日销售额×平均收现期

$$=30×480\,000/360=40\,000（元）$$

应收账款占用资金=应收账款平均余额×变动成本率

$$=40\,000×40/50=32\,000（元）$$

应收账款机会成本=应收账款占用资金×资金成本

$$=32\,000×10\%=3\,200（元）$$

60天信用期应收账款的机会成本：

应收账款平均余额=日销售额×平均收现期

$$=60×600\,000/360=100\,000（元）$$

应收账款占用资金=应收账款平均余额×变动成本率

$$=100\,000×40/50=80\,000（元）$$

应收账款机会成本=应收账款占用资金×资金成本

$$=80\,000×10\%=8\,000\,元$$

增加的机会成本=8\,000-3\,200=4\,800（元）

增加的坏账损失=7\,000-5\,000=2\,000（元）

增加的收账费用=8\,000-5\,000=3\,000（元）

改变信用期的税前损益=24\,000-4\,800-2\,000-3\,000=14\,200（元）

信用期限的改变，因收益增加大于成本增加，故应采用60天的信用期。本部分示例分析仅为后续分析提供对比基础。

二、《民法典》第416条解读

《民法典》实施将对企业的赊销效益有什么影响呢，尤其是基于《民法典》第416条的影响值得关注。我们现对《民法典》第416条进行简要阐释。

《民法典》第416条内容如下：

动产抵押担保的主债权是抵押物的价款，标的物交付后十日内办理抵押登记的，该抵押权人优先于抵押物买受人的其他担保物权人受偿，但是留置权人除外。

（一）文意理解

从文意理解，为买受人直接赊购情形，涉及的买卖关系、抵押关系可图示描述如图6-1所示：

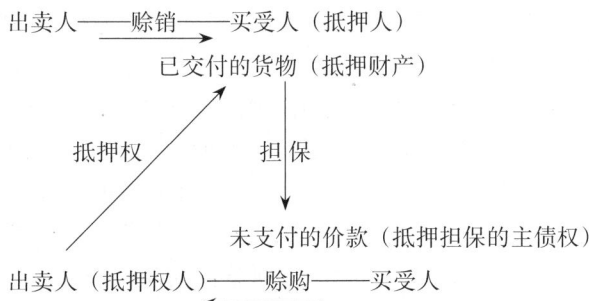

图6-1　《民法典》第416条文意示意图（同图3-1）

（二）立法解读

根据《民法典》立法专家杨立新教授所著《中华人民共和国民法典条文要义》阐

释，以及《民法典》立法专家尹田教授《民法典物权编1条1讲》课程讲义所述，本条实为购买价金担保权。

购买价金担保权，是指债权人在动产之上取得的、担保因购买该动产所生的价金给付义务的担保权。根据《联合国动产担保立法指南》的界定，此种担保权具体包括三种：（一）出卖人对标的物所保留的所有权；（二）融资租赁的出租人对标的物所保有的所有权；（三）为购置标的物提供贷款的债权人对标的物享有的抵押权。这些"购买价金担保权"如在一定期间登记，可取得超优先顺位。

前述担保权的前两种分别在《民法典》第641条、第745条中作了规定，未纳入动产担保体系，故《民法典》第416条规定主要针对"为购置标的物提供贷款的债权人对标的物享有的抵押权"，故又称中间价款超级优先权。其立法本意是"针对交易实践中普遍存在的借款人借款购买货物，同时将该货物抵押给贷款人作为价款的担保的情形，赋予了该抵押权优先效力，以保护各方权益，促进融资"。

基于上述阐释，可理解为买受人银行借款购买情形涉及的买卖关系、抵押关系如图6-2所示：

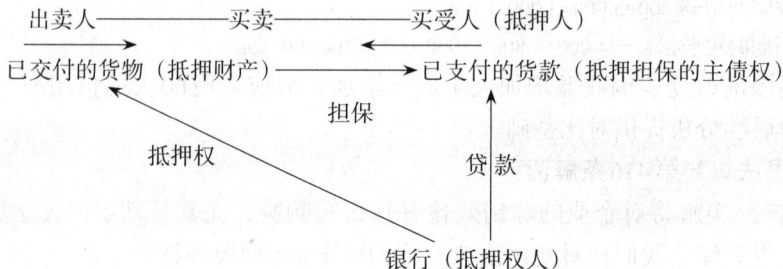

图6-2　《民法典》第416条立法解读示意图（同图3-2）

三、基于《民法典》第416条的企业赊销效益分析

（一）分析

以前述示例分析为基础，即假定前述示例资料及数据不发生变化。在同等情况下，《民法典》实施后，基于《民法典》第416条，企业的赊销效益会有所提高，现仅以生效后的《民法典》第416条带来的效果为目标进行分析，具体如下：

设企业的赊销效益为y，应收账款收益为a，机会成本为b，坏账损失为c，收账费用为d，则企业赊销效益模型$y=a-(b+c+d)$。

因假定前述示例资料及数据不发生变化，则应收账款收益不变，即a不变；《民法典》实施后，《民法典》第416条规定的担保作用的存在——"该抵押权人优先于抵押物买受人的其他担保物权人受偿"，即中间价款超级优先权的存在——对应收账款收回的保障有所提升，带来的直接效果就是应收账款的坏账损失、收账费用会有所下降；应收账款作为赊销投入所占用的资金，对该应收账款实施债权转让、办理保理抑或权利质押等以获取融资，则减少资金占用，降低机会成本，同样基于应收账款收回的保障有所提升，则实施债权转让、办理保理抑或权利质押等更容易、获得的融资额更多，应收账款的机会成本也就会下降，即b、c、d均下降，则应收账款成本降低。

应收账款收益 a 不变，机会成本 b 下降，坏账损失 c 下降，收账费用 d 下降，则根据模型 $y=a-(b+c+d)$，企业赊销效益 y 提高，即在同等情况下，基于《民法典》第416条，企业的赊销效益会有所提高。

如果说前述是静态分析，那么从动态角度讲，《民法典》实施后，基于《民法典》第416条，赊销的规模会扩大，进而带来销售量的增加，则应收账款收益 a 也会提高。

基于《民法典》第416条，应收账款收益 a 提高，机会成本 b 下降，坏账损失 c 下降，收账费用 d 下降，则企业赊销效益 y 提高。

基于前述一般性的推理分析可得，基于《民法典》第416条，企业的赊销效益会有所提高。

（二）结论

应收账款收益 a 的提高，是投资的收益提高；坏账损失 c、收账费用 d 的下降，是投资成本的降低；机会成本 b 的下降，是投资成本的降低，其投资成本的降低来源于对应收账款实施债权转让、办理保理抑或权利质押等的融资。基于《民法典》第416条，企业赊销效益的提高，实则为中间价款超级优先权这一担保的存在所带来的投融资效果。

企业着眼于盈利性，成本降低、收益提高是其具体化，《民法典》第416条助力实现了针对赊销的应收账款投资的这一目标；融资为投资提供资金，《民法典》第416条提升了针对赊销的应收账款的融资保障，间接确保了投资资金。融资是投资的基础，投资是融资的目标，投资收益一定程度上又保障了融资的实现，并且投资的收益能力为融资提供了最根本的保障，《民法典》第416条强化了对赊销的应收账款投融资这一正循环的良性推动。

（三）意义与不足

基于《民法典》第416条的企业赊销投融资模式，能够促进交易与融通资金，微观上可以改善市场主体的经营状况，实现期待利益；宏观上可以扩大供给、拉动需求，增加社会财富，推动经济发展。基于《民法典》第416条的企业赊销投融资模式，实现的是法律一般意义上的正循环的良性推动，具有普遍性，是法律制度效益。

不足的是，本研究仅以生效后的《民法典》第416条带来的效果为目标进行研究，没有将其带来的风险性一并纳入研究。

课后习题

一、选择题

1.下列有关营运资金管理的描述，不正确的是（　　　）。

A.流动资产一定要高于流动负债的三倍

B.企业现金流量预测的不准确性的存在要求进行营运资金管理

C.企业现金流入、流出的不同步性要求进行营运资金管理

D.企业应根据生产经营情况合理确定营运资金需求量

2.下列不属于5C客户信用品质评估法的评估项的是（　　　）。

A.信誉品质　　　　B.投资能力　　　　C.资本实力　　　　D.可抵押财产

3.5C客户信用品质评估法中的"能力"指的是（　　　）。

A.顾客的偿债能力　　　　　　　　B.顾客的财务实力和财务状况

C.履行偿债义务的可能性　　　　　D.可能影响顾客付款能力的经济环境

4.企业在适当时购入一些价格有利的股票的行为反映的是企业持有现金的（　　　）。

A.预防性动机　　　B.交易性动机　　　C.购买性动机　　　D.投机性动机

5.××市××胶业股份有限公司目前的信用政策为"2/15，N/30"，在折扣期内付款并享受公司提供的折扣的客户占销售额的70%；不享受折扣的应收账款中，有80%可以在信用期内收回，另外20%在信用期满后25天（平均数）收回。则公司应收账款的平均收现期为（　　　）天。

A.16　　　　　　　B.19.5　　　　　　C.21　　　　　　　D.22.5

6.下列属于流动负债特点的有（　　　）。

A.筹资速度快　　　B.筹资成本低　　　C.具有波动性　　　D.风险大

7.应收账款的信用成本指企业持有一定应收账款所付出的代价，包括（　　　）。

A.机会成本　　　　B.管理成本　　　　C.短缺成本　　　　D.坏账成本

8.以下各项中不是发生应收账款原因的有（　　　）。

A.销售和收款的时间差距　　　　　B.现金折扣

C.商业折扣　　　　　　　　　　　D.商业竞争

二、计算题

1.××市××胶业股份有限公司在原材料购买、产品销售过程中充分利用商业信用，其应付账款平均付款天数为95天，应收账款的平均收款天数为90天；公司为满足销售和生产需要，科学确定的存货平均周转期为125天；为保证正常经营，公司年现金需求量为600万元。请计算××市××胶业股份有限公司的最佳现金持有量。

2.××市××胶业股份有限公司采用存货模式进行现金管理，公司全年的现金需要量为600 000元，与有价证券转换的成本为300元/次，对应证券的年回报率为10%。请计算公司理想的年度现金与有价证券的转换次数。

3.××市××胶业股份有限公司预测的年赊销额为1 000万元，应收账款的平均收账期为40天；公司产品的平均变动成本率为72%，综合资金成本为7%。请计算公司的应收账款机会成本。

4.××市××胶业股份有限公司年度生产需耗用丁材料18 000千克，该材料采购成本为100元/千克，平均每次进货费用为80元；丁材料的年度储存成本为32元/千克。请计算丁材料的年度经济订货次数。

三、综合题

××市××胶业股份有限公司仅生产甲产品，目前采用N/30的信用政策，公司为加速回款，欲采用（1/20，N/30）的信用政策，相关详细资料见表6-3。

表6-3 信用政策详细资料 单位：万元

项目　　　　　　　　信用政策	N/30信用政策	1/20，N/30的信用政策
销售收入	800	880
变动成本	640	704
收账费用	16	17.6
坏账损失	16	21.12

注：企业的资金成本为12%。

××市××胶业股份有限公司为满足甲产品的生产需要，年度需耗用的乙材料为Q千克，该材料的采购价为p元/千克，供应商给予公司的应付账款周转期是40天，公司的平均每次变动订货成本为t元；公司的存货周转期是40天，产品的年度储存成本为C_v元/千克。

××市××胶业股份有限公司为维持正常经营，全年需要现金1 200万元。

要求：

1.采用新的信用政策后，估计50%的客户会选择现金折扣，请分析公司应否改变信用政策。

2.请计算该公司本年度乙材料的经济进货批量q^*与最佳进货批次N^*。

3.请计算$N/30$信用政策下公司的最佳现金持有量。

四、延伸学习建议内容

1.应收账款的账龄分析。

2.零库存存货制度。

3.存货控制的ABC制度。

第七章

利润分配管理

主要知识结构体系：

什么是利润分配？有哪些具体的利润分配政策？利润分配的政策如何选择？

利润分配的程序包括哪些步骤？股利的支付程序包括哪些步骤？

股利的支付方式具体有哪些？如何评价股利的支付水平？

什么是股票分割？什么是股票回购？

本章主要围绕上述问题进行课程的基本性阐释。

利润分配是指净利润在投资者与企业之间的分配，也可以理解为是利润在各利益相关者之间的分配。利润分配解决的是企业近期分配与长期发展的问题，关乎企业的投资、筹资决策。

企业利润分配，需要依法依约进行，兼顾各利益相关者利益；兼顾近期利益与长期利益，与企业融投资决策相协调；坚持分配与投资对等，形成可持续发展机制。

▶▶▶▶▶▶ 第一节　利润分配政策与程序

一、利润分配政策

利润分配政策影响着利益相关者利益，关乎着企业发展，企业要权衡选择。现将常见的利润分配政策介绍如下：

（一）剩余股利分配政策

剩余股利分配政策是秉承优先满足企业发展的理念，在企业最佳资本结构的前提下，利润在满足企业发展后再行分配的股利分配政策。

剩余股利分配政策，首先，需要确定或明确企业的最佳资本结构；其次，明确企业发展所需的资金数额；再次，计算在保持最佳资本结构下需要增加的权益资金数额，以净利润最大限度满足之；最后，若有净利润剩余，则进行股利发放。

例7-1 ⁙⁙⁙⁙

××市××牧业股份有限公司2023年净利润为500万元，2024年公司发展需要资金400万元，为保持最佳资本结构，需要债务性筹资250万元，拟通过银行借款筹得。请计算公司2023年可供分配的利润。

解答：

2023年可供分配的利润=500-（400-250）=350（万元）

××市××牧业股份有限公司2023年可供分配的利润为350万元。

（二）固定股利分配政策与固定股利支付率分配政策

固定股利分配政策是以提供稳定股利为目标，企业长期按年支付相同数额股利的股利分配政策。

固定股利支付率分配政策是以净利润为基础，企业按照固定的比例支付股利的股利分配政策。

（三）持续增长的股利分配政策与低正常股利加额外股利分配政策

持续增长的股利分配政策是以稳定的股利为基础，并且企业逐年提高股利的股利分配政策。

低正常股利加额外股利分配政策是以固定的、低数额股利的常规按年支付为基础，并于经营年度好的情况下发放额外股利的股利分配政策。

二、利润分配政策的选择与利润分配程序

（一）利润分配政策的选择

企业处于不同的发展阶段往往适用不同的股利政策，在初创阶段，企业基本采用剩余股利分配政策；在高速发展阶段，企业通常会采用低正常股利加额外股利分配政策；在稳定增长阶段，企业大多会采用固定或持续增长的股利分配政策；在成熟阶段，企业会采用固定股利支付率股利分配政策；在衰退阶段，企业基本采用剩余股利分配政策。

企业应根据自身的发展阶段和实际情况，具体选择适合的股利分配政策。

（二）利润分配程序

税后利润的分配，首先是确定有可供分配的利润；其次是计提公积金；最后才是进行股利分配。具体以公司制企业相关规定为基础阐释如下：

公司存在亏损，应先以任意公积金、法定公积金弥补以前年度亏损；任意公积金、法定公积金不足以弥补的，应当先以当年利润弥补亏损后，再行提取法定公积金。任意公积金、法定公积金不足时，也可以依规使用资本公积金弥补亏损。

公积金除可用于弥补公司亏损外，还可以用于扩大生产经营和转增注册资本。法定公积金转增注册资本时，所剩的法定公积金不得少于转增前公司注册资本的百分之二十五。

公司以当年税后利润（抵亏后）的百分之十计提法定公积金，法定公积金累计额超过公司注册资本的百分之五十的，可不再提取。提取法定公积金后，经股东会决议，还可以提取任意公积金。

公司弥补亏损和提取公积金后所余税后利润，方可进行股利分配。公司持有的本公司股份不得进行分配。

股东会作出分配利润的决议，董事会应在决议作出之日起六个月内进行分配。

违反《公司法》向股东分配利润的，股东应当将违反规定分配的利润退还公司；给公司造成损失的，股东及负有责任的董事、监事、高级管理人员应当承担赔偿责任。

▶▶▶▶▶▶▶ 第二节　股利支付

一、股利支付方式

股利支付方式，即企业支付股利的具体形式。

（一）现金股利

现金股利即企业以现金作为支付股利具体形式的股利支付方式。此种方式的股利支付以企业具有足够的现金为前提。

（二）股票股利

股票股利即企业以增发股票作为支付股利具体形式的股利支付方式。此种方式的股利支付会改变企业所有者权益项目的结构，具有特殊意义。

（三）财产股利

财产股利即企业以现金以外的资产作为支付股利具体形式的股利支付方式。这种股利多数以本企业持有的其他企业的有价证券进行支付，一定意义上是现金股利的替代方式。

（四）负债股利

负债股利即企业以负债作为支付股利具体形式的股利支付方式。负债股利是现金股利的另一种替代方式。

二、股利支付程序

股利支付程序是企业支付股利的一系列步骤，以股份有限公司为例，主要有股利宣告日、股利登记日与股利支付日等步骤。

（一）股利宣告日

股利宣告日即公告股利支付情况的日期。

（二）股利登记日

股利登记日即登记有权领取股利之股东的截止日期。

（三）股利支付日

股利支付日即支付股利的日期。

三、股利支付水平

股利支付水平即企业所支付股利占其利润的比重，通常采用股利支付率指标进行衡量，可用公式表达如下：

$$DR = \frac{D}{EPS}$$

式中，DR 为股利支付率；D 为每股股利；EPS 为每股收益。

▶▶▶▶▶▶ 第三节　股票分割与股票回购

一、股票分割

股票分割即将大面值股票拆分为小面值股票。股票分割提高了股票的流通可能性。

二、股票回购

股票回购是指上市公司从股票市场购回本公司发行在外股票的行为。股票回购可以稳定股价、改善资本结构。

拓展阅读

连通共同富裕、人类命运共同体的利益相关者与 *ESG*

关键词：利益相关者；*ESG*；共同富裕；人类命运共同体

文章导读：文章《连通共同富裕、人类命运共同体的利益相关者与 *ESG*》，依次阐释了利益相关者与企业、*ESG* 与利益相关者、*ESG* 与共同富裕、*ESG* 与命运共同体之间的关系，阐明了 *ESG* 治理目标与企业价值最大化、共同富裕具有一致性，*ESG* 治理与命运共同体建设本质上具有相通性等观点。通过阅读、学习本书拓展阅读部分的文章，帮助学生确立企业的利益相关者治理理念，明确企业肩负着全面共同富裕的使命，是承担命运共同体建设的客观、具体担当；本书从第一章"利益相关者价值最大化目标"至本章的"利润分配管理"，利益相关者治理理念贯穿教材始终，企业治理的主旨应是在保护利益相关者价值最大化的基础上实现企业价值最大化。

一、利益相关者与企业

利益相关者理论促进了企业管理理念、模式的转变，受到经济学家、管理学家的高度重视。主流经济学认为在企业中投入了专用性资产的个体或群体才是利益相关者，一般包括投资者（包括股东）、债权人、管理者、普通员工、供应商、销售商、消费者、政府和一些特殊的利益团体。

企业即一组契约的连结点，由利益相关者契约而成。依资源结构、企业治理理论，企业在本质上可以视作一组不完全的、具有特定相互依赖性的资源投入契约的履行过程；各资源投入者即利益相关者。企业是各方共赢的契约产物，其存续是各利益相关者契约关系动态处理结果的呈现。

二、ESG与利益相关者

（一）ESG

2004年，联合国全球契约组织（UNGC）发布的《有心者胜》（Who Cares Wins）报告首次提出ESG概念。关于ESG，根据责任投资原则，E（Environmental）指公司在环境方面的作为，包括温室气体排放、资源枯竭等；S（Social）包括工作条件、员工关系和多元化等；G（Governance）则包括管理层报酬、董事会多元化和结构以及税务策略等。

近年来，欧盟、美国、日本等组织、国家相继出台相应政策法规，我国也作出了相应规定和要求。

2021年，《环境信息依法披露制度改革方案》《企业环境信息依法披露管理办法》出台。

2022年以来，证监会和上交所、深交所在ESG信息披露和监管方面发布了多个相关政策，对上市公司ESG信息披露方面提出了更显性和明确的要求；国资委《提高央企控股上市公司质量工作方案》推动更多央企控股上市公司披露ESG专项报告，力争到2023年相关专项报告披露"全覆盖"。

随着ESG的运用，其内涵渐进丰富，为非财务绩效理念、公司评价方法、公司评估标准等。ESG已发展成为更好地服务利益相关者的综合环境、社会和公司治理等方面的企业可持续发展评价体系。

（二）利益相关者的ESG保障

ESG理念的本质是追求企业价值最大化，让所有利益相关者实现共赢。因此，从根本上说，利益相关者理论和ESG理念是一致的，都认为企业应该最大化所有利益相关者的价值。

企业价值最大化与利益相关者价值最大化具有一致性，利益相关者的价值最大化实现的前提是处理好各利益相关者之间的关系，具体体现在利益分配的合理性上。各利益相关者对上述价值的实现与分配有权进行监督，企业亦有义务提供相应报告。

正如付丽薇、陈希在《利益相关者与企业价值最大化研究》中描述的"企业价值最大化除了以往的经济价值最大化，又逐渐发展出社会价值的含义。"所以，企业汇报的不仅包括其经济价值实现的内容，还包括其社会价值实现的内容，对应的为企业的财务绩效与非财务绩效。企业的财务绩效可由财务会计报告反映，对于非财务绩效，ESG为其提供了一个不错的参考范式。

将财务会计报告与ESG报告两者结合起来，向利益相关者进行报告，这也符合利益相关者外延的要求。企业同时采用ESG治理，为利益相关者价值最大化的实现提供更好的保障。

二、ESG与共同富裕

（一）共同富裕

马克思、恩格斯认为，未来社会中，生产以所有人富裕为目的，所有人共享大家创造的福利。

习近平总书记曾指出："我们推动经济社会发展，归根结底是要实现全体人民共同富裕。"中国特色社会主义坚持把增进人民福祉、促进人的全面发展、朝着共同富裕方向稳步前进作为经济发展的出发点和落脚点。共同富裕是一个经济概念，也是一个政治概念。

共同富裕是全体人民的富裕，不是少数人的富裕；是人民群众物质生活和精神生活都富裕，不是单纯物质上富裕而精神上空虚；是仍然存在一定差距的共同富裕，不是整齐划一的平均主义同等富裕；是分阶段有步骤地实现共同富裕，不是同一时间同等程度地实现共同富裕。

（二）ESG与共同富裕间的帕累托改进存在

ESG理念追求利益相关者价值最大化，利益相关者价值最大化与企业价值最大化具有一致性；利益相关者价值最大化符合共同富裕的内涵，是企业范围内的共同富裕，企业价值最大化与共同富裕之间具有内在一致性。ESG治理目标与企业价值实现、共同富裕实现具有一致性；企业追求价值最大化，ESG治理是让所有利益相关者共赢，共同富裕是追求所有人的富裕，所以上述是一种帕累托改进的存在。

三、ESG与命运共同体

（一）命运共同体

德国社会学家滕尼斯曾在其1887年出版的《共同体与社会》一书中使用"共同体"一词，2007年人类"命运共同体"曾出现在《人民日报》的一则关于气候变化的评论中，"人类命运共同体"的概念是在党的十八大报告中被正式提出的；2013年习近平主席在莫斯科国际关系学院的演讲中提出"命运共同体"理念；党的十九大报告中明确指出"推动构建人类命运共同体"；党的二十大报告将"推动构建人类命运共同体"列为中国式现代化的本质要求之一；2017年2月，联合国社会发展委员会也将"构建人类命运共同体"理念载入联合国决议。

张永红等认为人类命运共同体是以利益共同体为基石、以价值共同体为导向、以责任共同体为保障的共同体；郝立新等认为人类命运共同体是利益共同体、价值共同体、安全共同体和行动联合体的共同体；彭冰冰认为人类命运共同体是平等协商的政治共同体，是正义公正的安全共同体，是开放互惠的经济共同体，是兼容并包的文明共同体，是可持续发展的生态共同体；王欣等认为人类命运共同体理念体现了国际权力观、发展观、文明观、利益观和安全观。

人类命运共同体是作为一种政治、经济战略的共同体。

（二）ESG 与命运共同体本质相通

伦敦商学院教授爱德蒙斯认为要解决当代资本主义危机，就必须从企业"分蛋糕"的思维转向"做大蛋糕"的思维，其关键是践行 ESG 理念。

ESG 治理目标与企业价值最大化、共同富裕具有一致性；人类命运共同体的各国共同富裕才是真富裕，企业肩负全面共同富裕的使命，是承担命运共同体建设的客观、具体担当；ESG 本身即 E（环境）、S（社会）、G（治理），ESG 治理与命运共同体建设本质上具有相通性。

近年来，世界范围内，欧盟、美国、日本等组织、国家，包括我国，都相继出台了有关 ESG 的政策文件、法规。如果各国企业都参照 ESG 进行治理，则企业可以在全球范围内更好地实现利益相关者价值最大化、企业价值最大化；各国企业间的良好治理相通，能够更好地在跨国贸易与跨国投资中、推进共建"一带一路"过程中以及命运共同体构建与实践中，实现共赢，最终实现世界范围内的共同富裕。

课后习题

一、选择题

1. 下列有关利润分配顺序的描述中，正确的是（　　）。

A. 企业所得税缴纳先于公积金提取　　　　B. 任意公积金提取先于法定公积金提取

C. 股利支付先于公积金提取　　　　　　　D. 企业所得税缴纳先于亏损弥补

2. 下列股利分配政策中，易使股利支付与盈利脱节的是（　　）。

A. 剩余股利分配政策　　　　　　　　　　B. 低正常股利加额外股利分配政策

C. 固定股利分配政策　　　　　　　　　　D. 固定股利支付率股利分配政策

3. 在共同富裕目标的引领下，在法治国家建设中，企业利润分配应坚持的原则有（　　）。

A. 依法分配原则　　　　　　　　　　　　B. 兼顾各方利益原则

C. 坚持分配与投资对等原则　　　　　　　D. 兼顾近期与远期利益协调原则

4. 常见的股利支付方式有（　　）。

A. 现金股利　　　　　B. 股票股利　　　　　C. 财产股利　　　　　D. 负债股利

二、综合题

××市××牧业股份有限公司于 2010 年成立，注册资本 10 亿元，2022 年成功上市；公司按税后净利润的 10% 计提法定盈余公积，2022 年法定盈余公积达 5 亿元，公司决定不再提取任何公积金；公司现阶段仍实行剩余股利分配政策，2023 年净利润为 50 亿元；

公司按2020年制定的五年规划（2021—2025年），拟于2024年更换设备，设备所需资金3 000万元，公司要求设备更换时不能改变现有的资本结构（公司资产负债率为40%），此外，2024年公司无其他投资发展计划；2024年5月31日公司董事会发布了2023年度利润分配实施公告，公告载明2023年股利分配方案已由2024年5月30日召开的2023年年度股东会审议通过。

请根据资料回答下列问题：

1.法定公积金的用途有哪些？

2.请计算××市××牧业股份有限公司法定公积金可以转增资本的额度。

3.请计算2023年××市××牧业股份有限公司最多可发放的股利额度。

4.××市××牧业股份有限公司的股利支付率是多少？

5.××市××牧业股份有限公司的股利宣告日是哪一天？

三、延伸学习建议内容

1.利润分配的影响因素。

2.股票分割与股票回购的意义。

第八章

财务管理方法

主要知识结构体系：

什么是财务预算？财务预算体系又指什么？财务预算有哪些编制方法？财务预算是如何编制的？

什么是财务控制？财务控制的分类有哪些？什么是责任控制？什么是责任中心？什么又是成本中心、利润中心、投资中心？

什么是财务分析？财务分析的方法有哪些？财务分析的内容包括什么？什么是综合财务分析？什么又是杜邦分析法？

本章主要围绕上述问题进行课程的基本性阐释。

财务管理的五个主要方法，即财务预测、财务决策、财务预算、财务控制与财务分析。其中财务预测、财务决策已在前面章节中阐述了，本章主要阐述财务预算、财务控制与财务分析等财务管理方法。

▶▶▶▶▶▶ 第一节　财务预算

一、财务预算概述

企业的运营管理离不开计划，计划是管理的主要职能之一。预算是对计划的财务化数量表达。预算要与企业的管理目标、战略目标相一致，并具有可执行性。

企业财务预算是详细的数量化财务计划，是对企业未来一定时期财务活动的预测与计划。企业财务预算，能够量化部门工作目标、协调部门间关系；企业财务预算通过具体数据控制企业日常经济活动，同时，还可以作为部门工作考核的标准。

企业预算依业务经营视角分为日常业务预算与专门决策预算；日常业务预算经常发生，专门决策预算非经常发生。日常业务预算是最基础的，其与专门决策预算构成财务预算编制的基础，三者构成财务预算体系。在财务预算体系中，前两者是财务预算的分预算；财务预算是二者的总预算。

企业财务预算的编制流程是日常业务预算、专门决策预算在先，财务预算在后。

二、财务预算的编制方法

（一）弹性预算

1.弹性预算概述

以业务量水平的固定与否为标准，可将编制预算的方法分为固定预算与弹性预算。

固定预算即以固定业务量水平为基础编制预算的方法；弹性预算即以多种业务量水平为基础编制预算的方法。

例8-1 :::::

××市××玩具股份有限公司制造费用固定预算，详见表8-1。

表8-1 　　　　　　　　　**固定预算——制造费用**

（生产能力100%利用，直接人工工时50 000小时） 　　　　　单位：元

项　目	预算数额
制造费用——变动：	
间接材料费用	30 000
间接人工费用	20 000
维修费用	20 000
水电费用	20 000
小　计	90 000
制造费用——固定：	
管理人员工资	32 000
折旧费用	60 000
办公费用	15 000
保险费用	23 000
小　计	130 000
合　计	220 000

2.弹性预算的编制步骤

弹性预算的编制，首先是确定业务量的计量单位；其次是明确预算编制的业务量范围；再次是研究预算内容与业务量之间的关系；最后进行预算编制。

例8-2 :::::

××市××玩具股份有限公司制造费用弹性预算，详见表8-2。

表8-2 　　　　　　　　　**弹性预算——制造费用（公式法）**

项　目	固定成本（元）	单位变动成本（元/小时）
固定制造费用：		
管理人员工资	32 000	
折旧费用	60 000	

项　目	固定成本（元）	单位变动成本（元/小时）
办公费用	15 000	
保险费用	23 000	
合　计	130 000	
变动制造费用：		
间接材料费用		0.7
间接人工费用		0.5
维修费用		0.4
水电费用		0.4
合　计		2.0

注：业务量的计量单位：人工工时；业务量范围：80%~110%；内容与业务量之间的关系：$y_t=f_t+v_tq_t$，其中，y_t为制造费用总额，f_t为固定制造费用，v_t为单位变动制造费用，q_t为人工工时量。

根据公式$y_t=130\,000+2q_t$，可计算人工工时80%~110%范围内任意业务量下制造费用的预算总额。

例8-3 ⬡⬡⬡⬡⬡

××市××玩具股份有限公司制造费用弹性预算，详见表8-3。

表8-3　　　　　　　　弹性预算——制造费用（列表法）

（直接人工工时以100 000小时为基础，生产能力80%~110%利用）　　金额单位：元

项目	单位变动成本	预算数额			
生产能力利用度		80%	90%	100%	110%
直接人工工时（小时）		80 000	90 000	100 000	110 000
制造费用——变动：	2.0	160 000	180 000	200 000	220 000
间接材料费用	0.7	56 000	63 000	70 000	77 000
间接人工费用	0.5	40 000	45 000	50 000	55 000
维修费用	0.4	32 000	36 000	40 000	44 000
水电费用	0.4	32 000	36 000	40 000	44 000
制造费用——固定：		110 000	110 000	110 000	110 000

项 目	单位变动成本	预算数额			
生产能力利用度		80%	90%	100%	110%
管理人员工资		30 000	30 000	30 000	30 000
折旧费用		50 000	50 000	50 000	50 000
办公费用		20 000	20 000	20 000	20 000
保险费用		10 000	10 000	10 000	10 000
合 计		270 000	290 000	310 000	330 000

（二）零基预算

1.零基预算概述

以业务量出发点为标准，可将编制预算的方法分为增量预算与零基预算。

增量预算即以基期数据为基础编制预算的方法；零基预算即以零数据为起点编制预算的方法。

2.零基预算的编制步骤

零基预算的编制，首先阐明列为预算具体内容的依据；其次明确列为预算具体内容的性质与作用；最后进行预算编制。

例8-4 ✦✧✦✧✦✧

××市××玩具股份有限公司相关费用零基预算总额度为160 000元，其中办公费用、劳动保护费用、保险费用属于不可缩减项目，广告费用、业务招待费用属于可缩减项目，零基预算相关资料详见表8-4、表8-5。

表8-4 　　　　　　　　　　　　　零基预算 　　　　　　　　　　　　单位：元

项 目	金 额
广告费用	80 000
业务招待费用	60 000
办公费用	30 000
劳动保护费用	20 000
保险费用	10 000
合 计	200 000

办公费用、劳动保护费用、保险费用共计 60 000 元，余下 100 000 元在广告费用、业务招待费用间按成本–效益进行分配。

表 8-5   **零基预算——成本效益分析**   单位：元

项目	成本	效益
广告费用	1	3
业务招待费用	1	5

业务招待费用预算额：100 000 ×5/8=62 500（元）

广告费用预算额：100 000 ×3/8=37 500（元）

（三）其他预算方法

以预算期的状态为标准，可将编制预算的方法分为定期预算与滚动预算。

定期预算即以固定会计期间为预算期编制预算的方法。

滚动预算即以随时间推移并始终保持最新的一定期限为预算期编制预算的方法。

三、现金预算与预计财务报表

财务预算由现金预算和预计财务报表构成，其中预计财务报表本部分主要阐释预计利润表和预计资产负债表。

（一）现金预算

现金预算是对日常业务预算现金收支部分与专门决策预算现金收支部分进行汇总，并对收支差额采取平衡措施的预算。现金预算的编制具体包括现金收支、余缺的计算，以及余缺部分的利用与筹措方案的计划。

现金预算的数据来源于日常业务预算数据与专门决策预算数据。其中，日常业务预算涉及销售与生产预算，直接材料、直接人工、制造费用、产品成本等预算，以及销售及管理费用预算。

1.日常预算

（1）销售预算

销售预算，是预算的起点，由销售部门负责编制，由销售量与相应的预计现金收入两部分构成。

例 8-5 ⦂⦂⦂⦂⦂

××市××玩具股份有限公司销售预算

假定××市××玩具股份有限公司生产、销售单一产品，赊销销售收入当季回款 40%，余下款项于下季度实现回款，年初应收账款为 100 万元。具体预算见表 8-6、表 8-7。

表8-6		销售预算			单位：元
摘要	第一季度	第二季度	第三季度	第四季度	全年
预计销售量（件）	2 000	3 000	4 000	4 000	13 000
单价	500	500	500	500	500
收入	1 000 000	1 500 000	2 000 000	2 000 000	6 500 000

表8-7	预计现金收入表（销售）				单位：元
摘要	收现时间				收现合计
	第一季度	第二季度	第三季度	第四季度	
期初应收账款	1 000 000				1 000 000
第一季度销售收现	400 000	600 000			1 000 000
第二季度销售收现		600 000	900 000		1 500 000
第三季度销售收现			800 000	1 200 000	2 000 000
第四季度销售收现				800 000	800 000
收现合计	1 400 000	1 200 000	1 700 000	2 000 000	6 300 000

（2）生产预算

生产预算，以销售预算为基础，由生产部门负责编制。生产预算是承启销售预算与成本、费用预算的节点，预计生产量由预计销售量与预计期末、期初存货决定。

例8-6

××市××玩具股份有限公司生产预算

××市××玩具股份有限公司上年期末存货为300件，公司要求本年每季度末存货为下一季度销售量的10%，年末存货为500件。具体预算见表8-8。

表8-8		生产预算			单位：件
摘要	第一季度	第二季度	第三季度	第四季度	全年
预计销售量	2 000	3 000	4 000	4 000	13 000
加：预计期末存货	300	400	400	500	500
减：预计期初存货	300	300	400	400	300
预计生产量	2 000	3 100	4 000	4 100	13 200

（3）直接材料预算

直接材料预算，以生产预算为基础，由采购部门负责编制。直接材料预算是产品成本预算与现金预算编制的依据之一，预计材料采购量由预计生产需用量与预计期末、期初存料量决定；采购材料预计现金支出由本预算期支付的上期采购材料价款与本期采购材料价款决定。

例8-7 ••••••

××市××玩具股份有限公司直接材料预算

　　××市××玩具股份有限公司上年期末存料为2 100千克，公司要求本年每季度末存料为下一季度生产需用量的10%，年末存料为4 200千克。公司赊购材料的货款当季支付60%，余下款项于下季度支付完毕，年初应付账款为10万元。具体预算见表8-9、表8-10。

表8-9　　　　　　　　　　　　　　　直接材料预算

摘要	第一季度	第二季度	第三季度	第四季度	全年
预计生产量（件）	2 000	3 100	4 000	4 100	13 200
产品单耗（千克）	10	10	10	10	10
预计生产需用料（千克）	20 000	31 000	40 000	41 000	132 000
加：期末存料（千克）	3 100	4 000	4 100	4 200	4 200
减：期初存料（千克）	2 100	3 100	4 000	4 100	2 100
预计购料（千克）	21 000	31 900	40 100	41 100	134 100
单价（元）	10	10	10	10	10
预计金额（元）	210 000	319 000	401 000	411 000	1 341 000

表8-10　　　　　　　　　　预计现金支出表（直接材料）　　　　　　　　　单位：元

摘要	付现时间				付现合计
	第一季度	第二季度	第三季度	第四季度	
期初应付账款	100 000				100 000
第一季度购料付现	126 000	84 000			210 000
第二季度购料付现		191 400	127 600		319 000
第三季度购料付现			240 600	160 400	401 000
第四季度购料付现				246 600	246 600
付现合计	226 000	275 400	368 200	407 000	1 276 600

　　（4）直接人工预算

　　直接人工预算，以生产预算为基础，由人事部门会同生产部门编制。直接人工预算是产品成本预算与现金预算编制的依据之一，预计直接人工成本总额由预计生产量与单位产品所需工资决定。人工成本无须另行编制现金支出计算表。

例8-8

××市××玩具股份有限公司直接人工预算

××市××玩具股份有限公司直接人工预算具体见表8-11。

表8-11 直接人工预算

摘要	第一季度	第二季度	第三季度	第四季度	全年
预计生产量（件）	2 000	3 100	4 000	4 100	13 200
单位产品工时（小时）	0.1	0.1	0.1	0.1	0.1
预计总工时（小时）	200	310	400	410	1 320
工资率（元/小时）	20	20	20	20	20
直接人工成本（元）	4 000	6 200	8 000	8 200	26 400

（5）制造费用预算

制造费用预算，以生产预算为基础，由生产部门负责编制。制造费用预算是产品成本预算与现金预算编制的依据之一，具体编制时列示变动制造费用与固定制造费用两部分。预计现金支出表中的固定制造费用支出所包含的折旧费应予抵减。

例8-9

××市××玩具股份有限公司制造费用预算

××市××玩具股份有限公司制造费用预算具体见表8-12、表8-13。

表8-12 制造费用预算 单位：元

制造费用——变动：		制造费用——固定：	
间接材料费用	20 000	管理人员工资	50 000
间接人工费用	30 000	折旧费用	1 000
维修费用	20 000	办公费用	2 000
水电费用	2 600	保险费用	1 000
合　计	72 600	合　计	54 000

表8-13 预计现金支出表（制造费用） 金额单位：元

摘要	第一季度	第二季度	第三季度	第四季度	付现合计
预计总工时（小时）	200	310	400	410	1 320
变动制造费用分配率（元/小时）	55	55	55	55	55
变动制造费用	11 000	17 050	22 000	22 550	72 600
固定制造费用	13 500	13 500	13 500	13 500	54 000
减：折旧费用	250	250	250	250	1 000
付现合计	24 250	30 300	35 250	35 800	125 600

（6）产品成本预算

产品成本预算由财务部门会同采购、生产、人事等部门编制，直接材料预算、直接人工预算与制造费用预算共同构成产品成本预算的基础。产品成本预算是期末产品存货价值（预计资产负债表）与本期产品销售成本（预计利润表）编制的依据。

例8-10 ◦◦◦◦◦

××市××玩具股份有限公司产品成本预算

××市××玩具股份有限公司产品成本预算具体见表8-14。

表8-14　　　　　　　　　　　　　　　产品成本预算　　　　　　　　　　金额单位：元

项目	价格	用量	单位成本	期初存货成本（300件）	期末存货成本（500件）	本期销售成本（9 000件）
直接材料成本	10元/千克	10千克	100	30 000	50 000	900 000
直接人工成本	20元/工时	0.1工时	2	600	1 000	18 000
变动制造费用	55元/工时	0.1工时	5.5	1 650	2 750	49 500
产品变动成本	—		107.5	32 250	53 750	967 500

（7）销售及管理费用预算

销售及管理费用预算，以历史支出、相关预算及企业发展规划作为编制的基础，销售部门、管理部门负责编制。销售及管理费用预算是现金预算与预计利润表编制的依据。

例8-11 ◦◦◦◦◦

××市××玩具股份有限公司销售及管理费用预算

××市××玩具股份有限公司销售及管理费用预算具体见表8-15、表8-16。

表8-15　　　　　　　　　　　　　销售及管理费用预算　　　　　　　　　金额单位：元

费用类别	变动		固定	
销售费	销售人员工资及佣金	200 000	销售管理人员工资	100 000
	办公费用	15 000	广告费用	50 000
	运输费用	20 000	保险费用	20 000
	其他	6 000	其他	10 000
	小计	241 000	小计	180 000
管理费	办公费	10 000	管理人员工资	500 000
	其他	9 000	财产税	10 000
			职工培训费用	20 000
			其他	5 000
	小计	19 000	小计	535 000
—	总计	260 000	总计	715 000

表8-16　　　　　　　　　　　　　预计现金支出表（销售及管理费用）

摘要	第一季度	第二季度	第三季度	第四季度	付现合计
预计销售量（件）	2 000	3 000	4 000	4 000	13 000
变动费用分配率（元/小时）	20	20	20	20	20
变动销售与管理费用（元）	40 000	60 000	80 000	80 000	260 000
固定销售与管理费用（元）	178 750	178 750	178 750	178 750	715 000
付现合计	218 750	238 750	258 750	258 750	975 000

2.专门决策预算

专门决策预算是针对企业特定决策编制的预算，如固定资产投资、股利发放等非经常性的重大决策。

例8-12 ∷∷∷∷

××市××玩具股份有限公司专门决策预算

××市××玩具股份有限公司专门决策预算具体见表8-17。

表8-17　　　　　　　　　　　　　　专门决策预算　　　　　　　　　　单位：元

项目	第一季度	第二季度	第三季度	第四季度	全年
预付利润	215 725	215 725	215 725	215 725	862 900
预付所得税	2 500	2 500	2 500	2 500	10 000
购置设备				100 000	100 000

3.现金预算表

例8-13 ∷∷∷∷

××市××玩具股份有限公司的现金预算表

××市××玩具股份有限公司年初现金余额为1万元，现要求现金预算余额在90万~250万元之间。当公司现金余额超过250万元时可购买证券，当公司现金余额低于90万元时可向银行借款；公司与银行间的借款协议规定：季初借款，季末还款、付息，以万元为单位借、还，年利率为10%。具体预算见表8-18。

表8-18　　　　　　　　　　　　　　现金预算表　　　　　　　　　　　单位：元

项目	第一季度	第二季度	第三季度	第四季度	全年
期初余额	10 000	901 775	1 437 900	2 272 475	10 000
加：本期销售收入现金	1 400 000	1 200 000	1 700 000	2 000 000	6 300 000
收入合计	1 410 000	2 101 775	3 137 900	4 272 475	10 922 150

项目	第一季度	第二季度	第三季度	第四季度	全年
减：本期现金支出					
直接材料成本	226 000	275 400	368 200	407 000	1 276 600
直接人工成本	4 000	6 200	8 000	8 200	26 400
制造费用	24 250	30 300	35 250	35 800	125 600
销售及管理费用	218 750	238 750	258 750	258 750	975 000
所得税	2 500	2 500	2 500	2 500	10 000
购置设备（见表8-17）				100 000	100 000
购买证券				2 000 000	2 000 000
支付利润（见表8-17）	110 725	110 725	110 725	110 725	442 900
支出合计	586 225	663 875	783 425	2 922 975	4 956 500
现金余缺	823 775	1 437 900	2 354 475	1 349 500	5 965 650
筹措与利用：					
向银行借款	80 000				80 000
偿还借款			80 000		80 000
支付利息	2 000		2 000		4 000
期末余额	901 775	1 437 900	2 272 475	1 349 500	1 349 500

（二）预计财务报表

1.预计利润表

预计利润表，是以日常业务预算为基础，对预算期内企业经营活动成果的总体规划。

例8-14

××市××玩具股份有限公司的预计利润表

××市××玩具股份有限公司的预计利润表具体见表8-19。

表8-19　　　　预计利润表　　　　单位：元

项目	金额	资料来源
销售收入	6 500 000	表8-6
减：产品变动成本	967 500	表8-14

项目	金额	资料来源
变动销售及管理费用	260 000	表8-15
边际贡献	5 272 500	
减：固定制造费用	54 000	表8-12
固定销售及管理费用	715 000	表8-15
息税前利润	4 503 500	
减：财务费用	4 000	表8-18
税前利润	4 499 500	
所得税	10 000	表8-17
净利润	4 489 500	

2.预计资产负债表

预计资产负债表，是以预算期期初的资产负债表为基础，结合其他预算，对预算期末企业财务状况的总括性预算。

例8-15

××市××玩具股份有限公司的预计资产负债表

××市××玩具股份有限公司的预计资产负债表具体见表8-20。

表8-20 预计资产负债表 单位：元

项目	年初数	年末数	项目	年初数	年末数
资产			负债		
流动资产：			应付账款（表8-10）	100 000	164 400
货币资金（表8-18）	10 000	1 349 500	流动负债合计	100 000	164 400
交易性金融资产（表8-18）	0	2 000 000	负债合计	100 000	164 400
应收账款（表8-7）	1 000 000	1 200 000	所有者权益		
存货（表8-9与表8-14）	53 250	95 750	实收资本	1 224 130	1 214 130
流动资产合计	1 063 250	4 645 250	资本公积	100 000	100 000
固定资产：			盈余公积	100 000	548 950
固定资产原值	714 130	814 130	未分配利润	245 250	3 422 900
减：累计折旧	8 000	9 000	所有者权益合计	1 669 380	5 285 980
固定资产净值	706 130	805 130			
固定资产合计	706 130	805 130			
资产总计	1 769 380	5 450 380	负债及所有者权益总计	1 769 380	5 450 380

▶▶▶▶▶▶▶ 第二节　财务控制

一、财务控制概述

控制，即约束、调节，使客观事物按照既定目标、轨迹运行。财务控制，是以财务预算和相关制度为依据，确保企业及内部机构、人员全面落实、实现财务预算的一种约束与调节。

财务控制是价值控制、综合控制，是现金流量控制。

财务控制按内容分为一般控制与具体控制；按时序分为事前控制、事中控制与事后控制。

二、责任控制

责任控制，是通过建立责任中心，将责任具体落实到各部门、单位和具体执行人的控制制度。

责任中心，是指具有一定管理权限，并承担相应经济责任的企业内部单位。责任中心是进行财务控制的有效方法。

(一) 成本中心

成本中心，即用一定成本完成规定的任务，对成本费用承担责任的责任中心，如生产部门。成本中心只考核成本费用，并只对可控成本负责；以成本或费用变动额、变动率为考核指标。

(二) 利润中心

利润中心，是指既要对成本、收入负责，又要对利润负责的责任中心，如生产经营决策部门。

利润中心分为自然利润中心和人为利润中心。自然利润中心只计算可控成本；人为利润中心既计算可控成本又计算不可控成本。利润中心以利润为考核指标。

(三) 投资中心

投资中心，是指既要对成本、利润负责，又要对投资效果负责的责任中心，如分公司、子公司。投资中心对共同发生的成本需要按相应的标准进行分配。投资中心以利润、投资效果作为考核指标。

▶▶▶▶▶▶ 第三节　财务分析

一、财务分析概述

财务分析，是以财务报告和其他有关信息资料为起点，采用一系列专门的方法，对企业等经济组织一定时期的财务状况、经营成果、现金流量及未来前景进行分析，借以评价企业财务活动业绩、控制财务活动运行、预测财务发展趋势、促进企业提高财务管理水平和经济效益的财务管理活动。

财务分析是正确了解企业的依据，是进行财务预测、决策的基础，是实现财务管理目标的手段。

财务分析目的因财务分析主体、需求主体的不同而不同，经营者、投资者、债权人等的目的主要有评价企业的资产管理水平、企业的获利能力与偿债能力、企业的发展趋势。

二、财务分析方法

（一）趋势分析法

趋势分析法，是通过比较不同期的相同指标来确定变动数额、幅度、趋势，用以说明财务状况、经营成果变动趋势的财务分析方法。

重要财务指标比较、会计报表比较与会计报表项目构成比较是趋势分析法具体运用的三种主要方式。

（二）比较分析法与比率分析法

1.比较分析法

比较分析法依据不同的标准可做不同分类。依据比较的对象，可分为历史标准、同行业标准和预算标准；依据比较的指标，可分为总量指标、结构指标与财务比率。

2.比率分析法

比率分析法的比率指标主要有构成比率、效率比率与相关比率三种类型。

（三）因素分析法

因素分析法，是从量的角度确定各影响因素对指标方向和程度影响的财务分析方法。

因素分析法主要有连环替代法和差额分析法两种。严格地说，差额分析法是连环替代法的简化形式。

三、财务分析内容

（一）偿债能力分析

偿债能力，即企业偿还到期债务的能力。

偿债能力的衡量可以通过诸多指标进行。如衡量短期偿债能力的指标有流动比率、速动比率、现金流动负债比率等；衡量长期偿债能力的指标有资产负债率、产权比率、权益乘数、已获利息倍数等。

（二）营运能力分析

营运能力，即企业运用资产赚取利润的能力。

营运能力的衡量可以通过诸多指标进行。如衡量流动资产周转能力的指标有应收账款周转率、存货周转率、流动资产周转率等；固定资产周转能力可通过固定资产周转率指标衡量；总资产周转能力可通过总资产周转率指标衡量。

（三）获利能力分析

获利能力，即企业获取利润的能力。

获利能力的衡量可以通过诸多指标进行，如营业利润率、成本费用利润率、总资产报酬率、净资产收益率、资本收益率等；上市公司还可以采用每股收益、每股股利、市盈率、每股净资产等指标进行衡量。

（四）发展能力分析

发展能力，即企业扩大规模、壮大实力的潜在能力。

发展能力的衡量可以通过诸多指标进行，如营业收入增长率、资本保值增值率、资本累积率、总资产增长率、营业利润增长率等。

四、综合财务分析

（一）财务综合分析的概念

财务综合分析，是集营运能力、偿债能力、获利能力和发展能力等诸方面于一个有机整体的分析，是对企业的经营状况、财务状况进行系统的揭示与评价的综合分析。

综合财务分析主要有杜邦分析法与沃尔比重分析法。

（二）杜邦分析法

杜邦分析法，是利用各财务指标的内在联系进行的财务综合指标分析方法。

杜邦分析法以净资产收益率为核心，其主要指标间的关系如图8-1所示。

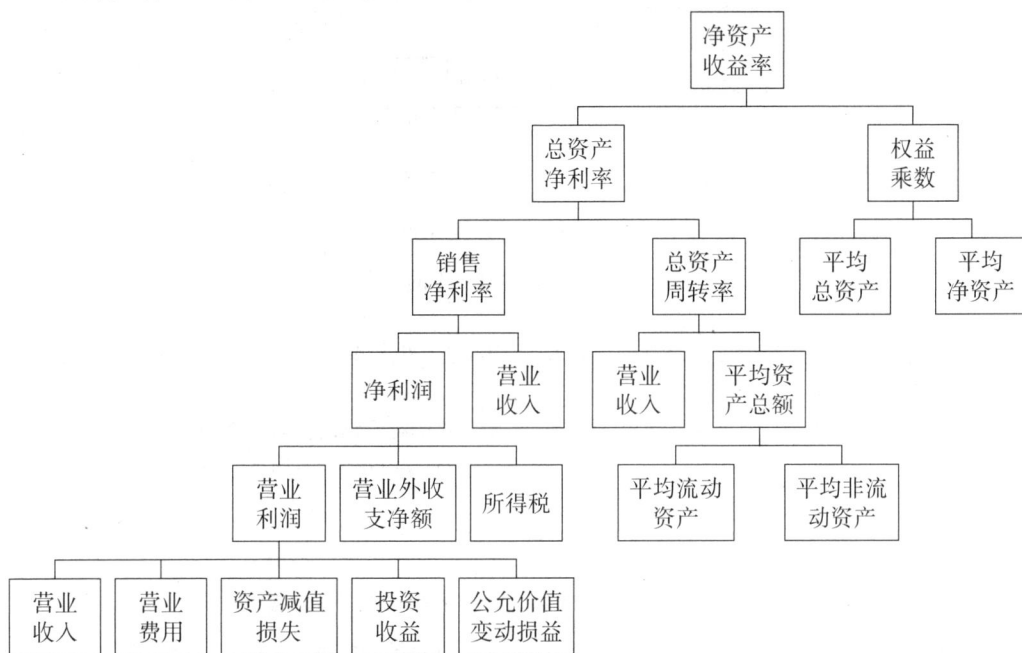

图8-1 杜邦分析图

计算公式如下：

净资产收益率＝总资产净利率×权益乘数

净资产收益率＝销售净利率×总资产周转率×权益乘数

拓展阅读

会计作为公司信任机制的运转研究①

关键词：信任机制；会计价值；公司价值；社会治理

文章导读：文章《会计作为公司信任机制的运转研究》，阐释了会计作为公司信任机制的运转。会计为财务提供数据，会计的反映与监督职能保障着利益相关者治理的有效实施，是企业利益相关者治理的信任机制基础。通过阅读、学习本文，有助于培养学生多学科综合思考能力；本文是会计知识理论、财务知识理论与公司治理知识理论多学科融合阐释的示范。

一、法治、契约对企业诚信之要求

（一）法治要求

法产生与军事、经济、政治关系的社会治理要素关系图，法产生的本质与特征关系图和法的规制机制示意图如图8-2、图8-3和8-4所示。

---

① 林国. 会计作为公司信任机制的运转研究 [J]. 现代商业，2020（3）：149-151.

阶级出现，国家诞生

```
经济                                        政治
剩余产品 → 分配 → 纠纷处理规则  [法] ← 国家

                          借 鉴
军事                                  最初的司法官员
俘获战俘 → 惩罚 → 惩罚规则 → 刑      由军事长官兼任

         力量差是国家产生的元力
```

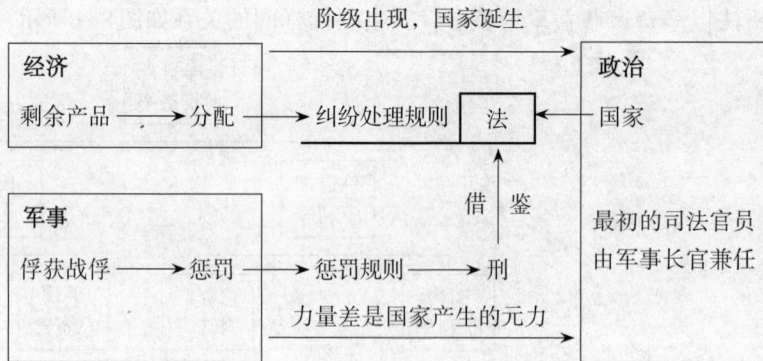

注：历史学者认为"刑起于兵，兵刑同源"，上图为法产生与军事、经济、政治关系之通说；另，图中经济与军事之间亦存在着交织。

图8-2　法产生与军事、经济、政治关系的社会治理要素关系图

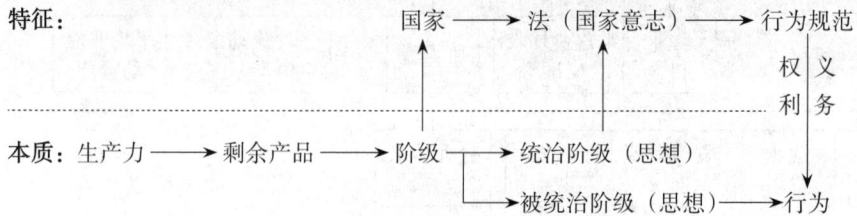

```
特征：                国家 → 法（国家意志）→ 行为规范
                                              权 义
                                              利 务
本质：生产力 → 剩余产品 → 阶级 → 统治阶级（思想）
                              → 被统治阶级（思想）→ 行为
```

图8-3　法产生的本质与特征关系图

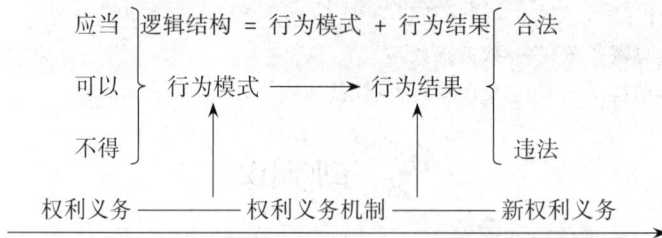

```
应当  逻辑结构 = 行为模式 + 行为结果  合法
可以  行为模式 → 行为结果
不得                              违法
权利义务 —— 权利义务机制 —— 新权利义务
```

图8-4　法的规制机制示意图

国家的存在，离不开经济；国家的发展，亦以经济为基础。国家经济的发展源于最小的经济细胞——企业。

从《中共中央关于全面深化改革若干重大问题的决定》（2013年11月12日中国共产党第十八届中央委员会第三次全体会议通过）到《社会信用体系建设规划纲要（2014—2020年）》（国发〔2014〕21号），再到《企业信息公示暂行条例》（国令〔2014〕第654号）、《国务院关于建立完善守信联合激励和失信联合惩戒制度加快推进社会诚信建设的指导意见》（国发〔2016〕33号），对信用、诚信的规制，既有宏观规划，又有具体要求。这些都是对企业诚信的外在法治要求。

（二）契约要求

在契约社会，企业体现为一系列契约的结合体。企业向政府购用土地，是契约；企业向员工购买劳动力，是契约；企业向供应商购买原材料，是契约；企业向客户销售产品，是契约；企业终了的处理，亦是以相应的契约形式进行的……企业以契约的形式存在。

　　诚信是内在的道德范畴，体现于交往之中。契约是为正式的交往，契约的达成基于各自的诚信-信任，契约的履行实现了各自的信用。在整个契约的动态过程中，从诚信到信任再到信用，信用以信任为基础，信任源于诚信，作为契约体存在的企业，诚信是其内含的要求。

　　在诚信-信任-信用的契约中，满足各方信任的最低诚信度或者诚信基础，是由法治来保障的，诚信的底线是法律。隐性道德衔接显性法治，企业诚信是一个从内到外，从隐性到显性的体系化系统要求。

　　"经济-法治"的治理模式在契约、法制对企业诚信的体化系统要求下以"契约-诚信-法治"存在。

二、会计——公司的信任机制

（一）公司诚信标准及确认

1.公司诚信标准

　　契约社会，法制之下、契约之中，企业应当诚信。货币作为一般等价物，以货币为媒介之契约，能够最大限度地对契约形式之下的诚信予以反映。会计以货币为主要计量单位，对会计主体的资金运动进行综合的、连续的、系统的反映和监督，则从资金运动角度，会计可对企业之诚信予以最大限度的反映。

　　资金运动显然不是企业的全部活动，我们也不可能穷尽思考到每一家公司的所有活动，当然在法治之下我们也没有穷尽之必要，以守住诚信之底线为准。

　　公司是典型的现代企业，是各种"资源"契约而成的利益相关体。从利益角度讲，突破诚信底线意味着出现不法利益获取（以公司单方不法获益为主要体现）。

2.公司诚信确认

　　公司价值是公司全部利益的综合体现，现今对公司价值的判断已不再局限现在或未来的利润、现金流、财务分红、营业收入等财务信息，更多的是基于公司的商业模式、核心竞争力和企业持续创新能力；这些资源可以是点击率、用户群、信息平台，甚至可以是数据本身，数据将成为公司的战略资产，拥有数据的规模结构，收集运用数据的能力将决定公司的核心竞争力。以往据财务信息所体现的资金运动视角下的公司价值则小于等于这一价值（两者之间亦可能无比率对应），除此之外的公司价值虽暂不能以会计形式予以确认，但其价值的实现最终仍由会计以货币形式表现出来。

　　会计依法进行的公司价值确认与反映将公司的损益予以客观展现，则公司诚信一目了然。

（二）会计——公司的信任机制

　　对公司诚信标准的确定是由正向到逆向思维的转换、由行为（全部活动）到结果（利益）的归结，使外延得以穷尽，标准成为可能，并为诚信的确认奠定基础；将具体的利益抽象为公司价值，再次穷尽外延，以使公司诚信得以全面确认，并为诚信的具体确认指明了工具；具有价值衡量尺度并作为一般等价物的货币，通过会计对公司价值予以全面、连续、系统的确认与反映。具体分为两种情况：一是以往据财务信息所体现的资金运动视角下的公司价值的确认；二是公司价值中其他价值的确认。

会计依法对公司价值的确认，表明自身的诚信，使各方信任；同时，据财务信息所体现的资金运动视角下的公司价值的确认，虽然所确认的不一定是公司价值的全部，但这不妨碍该价值作为公司活动开展的最大限度现实担保的存在。会计在理论上已成为公司的一种信任机制。

从契约到法治对公司诚信的要求，通过会计予以确认，实现了从内到外、从法治要求到会计依法确认。会计在制度上被确认为公司的一种信任机制，如图8-5所示。

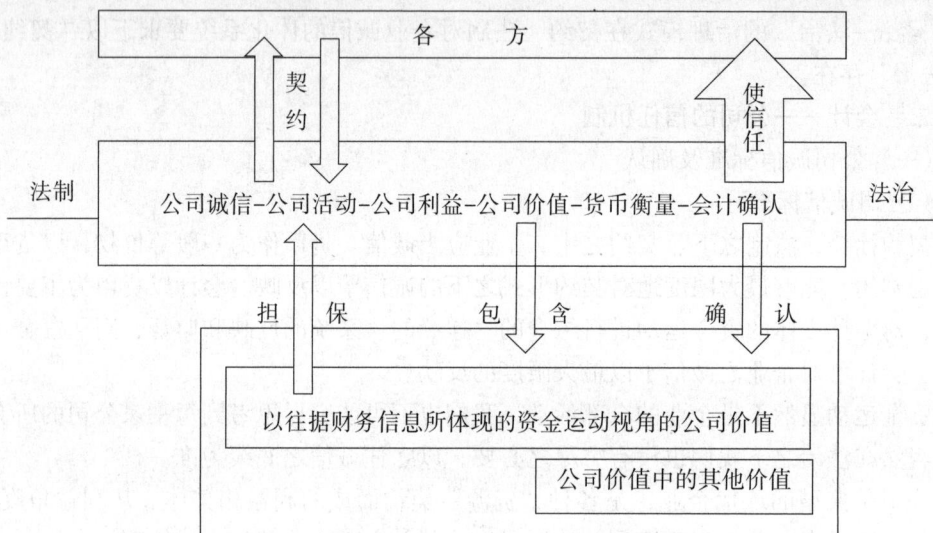

图8-5　会计——公司的信任机制示意图

会计作为公司信任机制的存在是基于会计的基本职能——核算与监督，与会计价值的实现相统一的。

三、会计作为公司信任机制的运转

会计作为公司信任机制的运转，是会计价值的持续实现。会计价值的实现机制，是公司信任机制运转的基础。

（一）会计价值的实现

会计按照其价值实现的机理，在相应环境、条件、要求下，通过会计工作的组织，按照其价值实现之路径，实现会计价值，如图8-6所示。

图8-6　会计价值实现机制示意图

图8-6中会计价值实现的机理如图8-7所示。

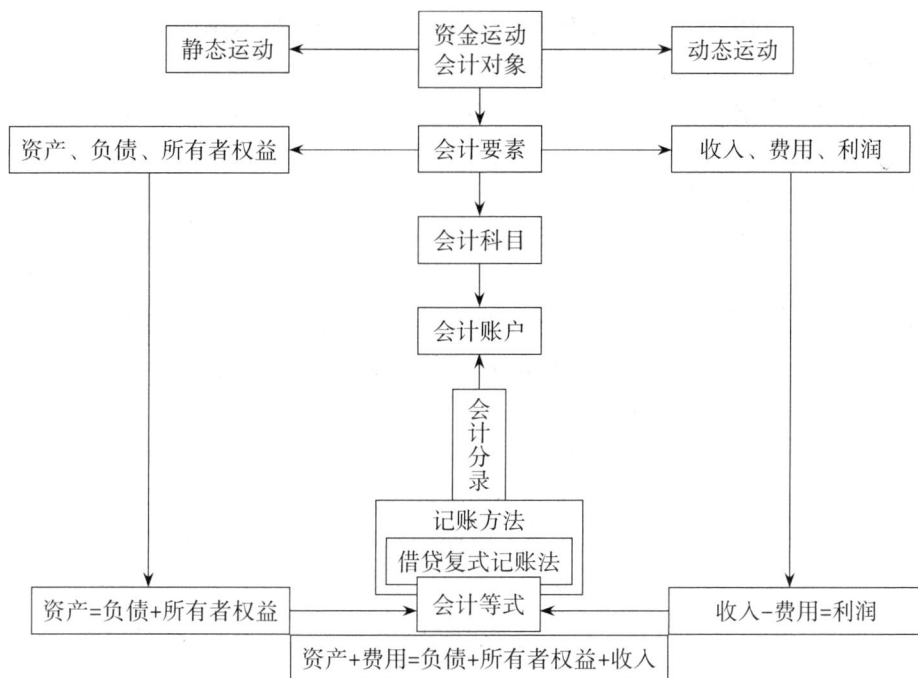

图8-7 会计价值实现基本机理示意图

（二）公司信任机制的运转

以会计价值的实现机制为基础，公司持续经营，会计价值实现机制周而复始运转，是会计作为公司信任机制的运转，如图8-8所示。

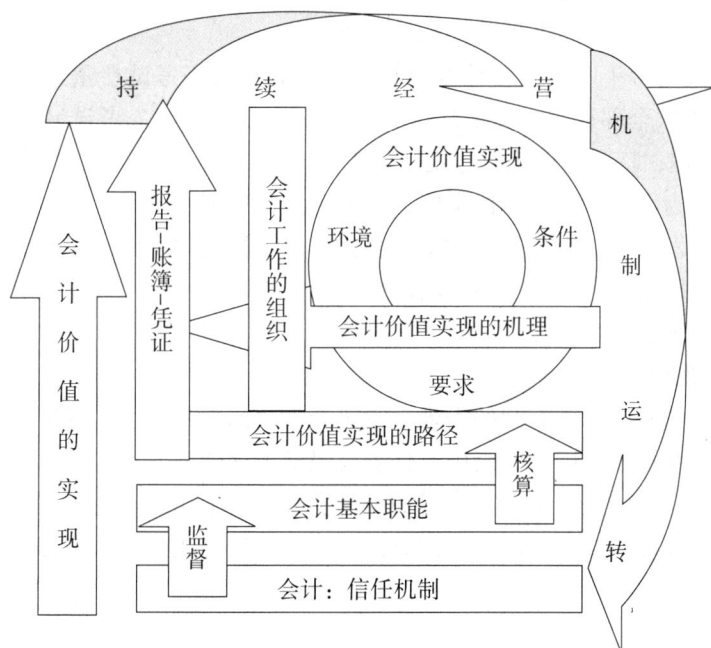

图8-8 会计-公司信任机制的运转示意图

对会计人员进行诚信教育之必要性的基本体系论述①

关键词：会计人员；会计价值；诚信；契约；法制；区块链

文章导读：文章《对会计人员进行诚信教育之必要性的基本体系论述》，体系化阐释了会计人员诚信教育的必要性。基于会计作为企业利益相关者治理的信任机制基础，会计人员的诚信要求是企业信任机制运转的基石。通过阅读、学习本文，培养学生的诚信意识；本文是对企业信任运转机制客观运行的会计人员主观诚信要求的延伸阐释。

2019年1月11日，人力资源社会保障部、财政部发布了《关于深化会计人员职称制度改革的指导意见》（人社部发〔2019〕8号）（以下简称《指导意见》）。《指导意见》中在完善评价标准部分强调：

突出评价会计人员职业道德。坚持把职业道德放在评价首位，引导会计人员遵纪守法、勤勉尽责、参与管理、强化服务，不断提高专业胜任能力；要求会计人员坚持客观公正、诚实守信、廉洁自律、不做假账，不断提高职业操守。完善守信联合激励和失信联合惩戒机制，违反《中华人民共和国会计法》第四十条有关规定，以及剽窃他人研究成果，存在学术不端行为的，在会计人员职称评价过程中实行"一票否决制"。对通过弄虚作假取得的职称一律撤销。

2019年1月16日，财政部会计资格评价中心第1号公告，内容如下：

根据《专业技术人员资格考试违纪违规行为处理规定》（人社部令〔2017〕第31号），各省（区、市）会计资格考试管理机构对2018年度全国会计专业技术中、高级资格考试中严重和特别严重违纪违规应试人员作出了相应处理，并记入全国会计专业技术资格考试诚信档案库。现将处理结果汇总公告。

附件显示，2018年度全国会计专业技术中、高级资格考试严重违纪违规应试人员65人，给予"当次全部科目考试成绩无效，违纪违规行为记入考试诚信档案库，记录期限为5年"处理；特别严重违纪违规应试人员17人，给予"当次全部科目考试成绩无效，违纪违规行为记入考试诚信档案库，长期记录"处理。

在社会经济发展中，企业的角色不可替代；诚信社会的建设，对作为企业信任机制的会计则必须予以重视，对会计人员的诚信要求自不待言。

一、契约社会的现实存在

（一）国家视角

随着生产力的发展，私有制的出现，阶级产生，标志着国家的诞生。现代社会，公民通过宪法将权利让渡给国家，由国家代表公民治理社会、发展经济，那么在具体国度下的经济发展，实质上是在契约社会下的经济发展。先不谈国家是以契约的形式还是暴力的形式建立，在经济发展中，乃至国家建立之时，均是或长或短地处于明示或默示的契约状态。

---

① 林国，廖海金. 对会计人员进行诚信教育之必要性的基本体系［J］. 中国农业会计，2019（9）：63-66.

（二）税收视角

如马克思所说："国家存在的经济体现就是捐税"，所以从经济视角讲，一个国家的存在与发展，即为税收。

税收的本质在于利益，是利益交换、利益分配。法是国家制定或认可的体现着特定的物质生活条件所决定的某种意志并为外在的物化的强制力保证实施的行为规范，法是利益调整的工具，但法对税收的保障不是与生俱来的。

在古代，也有法律的存在，但彼时的法律与税收尚无必然联系，更多地体现为君主的意志；到了近代，以新兴资产阶级为代表的社会各阶层通过长期的斗争，掌握立法权，实现了对政府权力的限制，换句话说，是资产阶级作为统治阶级登上了历史舞台，他们以国家（政府）名义通过立法、执法进行阶级统治，实现了国家权力从"君主主权"向"公民主权"的过渡。

而在"公民主权"的社会中，税收是公民根据自身的公共需要自主或委托代表协商确定的，是税收形式的财政收入，以税收形式形成的财政收入的支出安排亦是需要公民代议的立法机关决定的，这些都以法律的形式表现，此时税收与法才有了必然联系，税收法律成为税收的表达。英国《权利法案》的通过，标志着税收法定主义的确立，税收法定主义有法律保证税收实现之意，同时又含对统治阶级征税加以限制之内涵，这本身即具有契约之协商性。因此，税收可以看作公民为获得公共产品和满足其他公共需求通过政治机制作出的财产转让，而税收法律在一定意义上可以看作对这种转让具有约束力的协议。

在现代，税收的契约体现仍包含着对古代税收之契约性的沿袭或继承，即征税主体与纳税主体之间动态契约的表征体现。但古代这种税收契约性是由统治者单方的强制力所致的，具有被动性；而现代的税收契约性是自主或委托代表协商确定的，具有主动性。如果说现代税收的契约性是契约机制的契约性，从内到外都体现着契约；那么古代税收的契约性则是强权机制的契约性，只是表象体现着契约。

无论古今，国内国外，有税收的存在，就有其对契约的依托或体现。

（三）企业视角

国家的产生，是经济发展的结果；国家的存在，离不开经济；国家的发展，亦以经济为基础。国家经济的发展源于最小的经济细胞——企业，企业是一系列契约的结合。

企业由投资人进行人与资金的结合，是契约；企业向政府购用土地，是契约；企业向员工购买劳动力，是契约；企业向供应商购买原材料，是契约；企业向客户销售产品，是契约；企业终了所进行的处理，亦是以相应的契约形式进行的……

企业实体的存在，自始至终都是以契约的形式存在的。

依经济视角，上至国家，下至企业，中至联系国家与企业（企业-人与资金的结合体，即企业由具体的公民组成）的税收，契约无处不在。

二、信用-契约社会的核心

契约的基础是信用，信用又以信任为基础。信任是内生的、单生的，信用则是互生的，信用是信任的结果；虽然信任是信用的基础，但信用的起点却源于自身的诚信，作为同样内生的诚信，给相对方提供了一个基本信任的基础，在彼此的诚信-信任中，互生了信用。从基本信任，经过关系互动，互助、互利，形成良性信用资源，并不断开发，形成互信信用关系-良性的信任关系；反之，在基本信任的基础上，经过关系互动，互杀、互损，将形成恶性信用资源，不断发展，终形成互疑信用关系-恶性的信任关系。这一切都脱离不了交往，即契约。在契约社会下，契约为信任的形式，信任则为契约的实质，如图8-9所示。

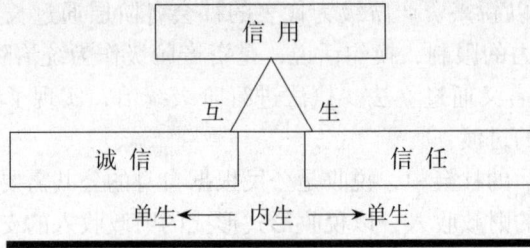

图8-9　诚信、信任、信用产生机制示意图

三、法制-契约社会信用的保障

契约社会的健康良性发展在于良性的信任关系形成、维系与发展，核心是诚信，然而诚信又需要法治来保障。

从《中共中央关于全面深化改革若干重大问题的决定》（2013年11月12日中国共产党第十八届中央委员会第三次全体会议通过），到《社会信用体系建设规划纲要（2014—2020年）》（国发〔2014〕21号），再到《企业信息公示暂行条例》（国令〔2014〕第654号）、《国务院关于建立完善守信联合激励和失信联合惩戒制度加快推进社会诚信建设的指导意见》（国发〔2016〕33号），对信用、诚信的规制，既有宏观规划，又有具体要求，是对契约社会、信用社会作为个体的基本信用源和社会信用细胞结合体的最小经济细胞——企业——诚信规制的法治保障的系统体现。诚信的保障以法律、法规为基准，相应法律、法规自然为企业诚信规制法治保障系统构成之不可或缺。

企业信息公示是企业诚信的基本保障机制，《企业信息公示暂行条例》使企业诚信的规制主观客观化，并促使企业在诚信规制中由被动变主动，从外化到内化，形成了外化客观规制与内化主观诚信的有效结合的规制体系。

四、企业诚信信息的形成

现实当中，企业形形色色、千差万别，所对应的信息亦不相同，但主体部分可以通过一般等价物——货币进行反映，以通用的会计语言来表现。会计信息的形成，服务于会计价值的实现；会计价值的实现，是会计作为企业的信任机制运转的结果；会计作为企业的信任机制运转，保障了企业信息的诚信性，如图8-10所示。

诚信，企业生存之本，企业信息诚信，会计生命所在。

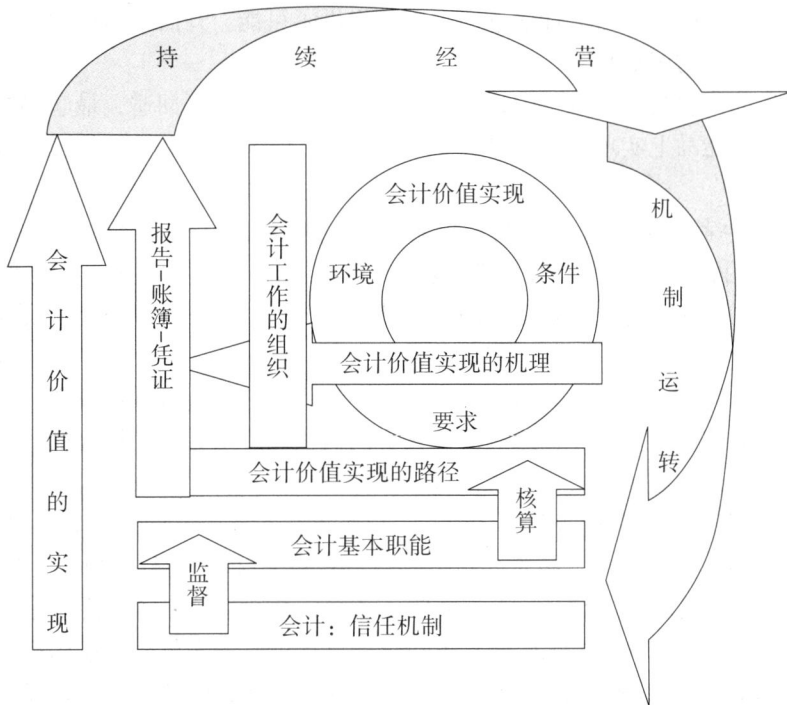

图8-10 企业信任机制运转与会计价值实现示意图（同图8-8）

五、区块链技术的会计信息处理

刘峰在其著作《会计——低成本的信任机制》中指出，会计通过核算、监督职能实现其信用机制，故会计普遍存在于企业之中。但会计人员做假账，会计人员和审计人员合谋，怎么办？在作为企业信任机制的会计的处理下所产生的会计信息仍具有比较浓重的主观色彩，相对于企业诚信信息的要求是一个致命的存在。这一信用问题催生了区块链，区块链本质上是一个去中心化的分布式账本，其本身是一系列使用密码学而产生的互相关联的数据块，以区块为账簿，以时间为链，形成可信记录的分布式账，如图8-11所示。

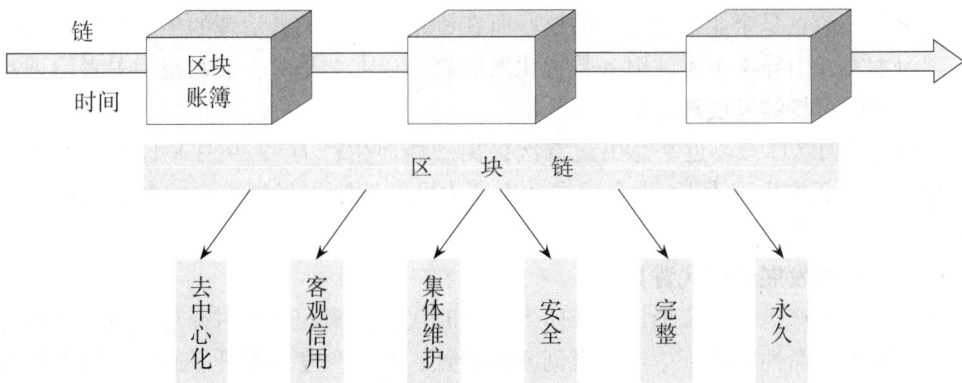

图8-11 区块链简图

区块链技术的诞生，为会计信息的客观化提供了可能，开启了信用的自然属性。

六、会计人员的诚信教育

会计信息的产生与提供过程中，会计从业人员的存在不可回避，最起码短期内不可回避，亦即不可能马上实现会计信息的完全客观化，对会计从业人员的诚信教育仍然十分必要。

对会计初学者、拟入行者、刚入行者，抑或从业者，无论是学历教育、继续教育……所进行的各种教育的基础，诚信教育必不可少，是人之要求、德之要求、法之要求，是企业之要求、行业之要求，国家、社会之要求，根本且系统地体现为前述论述之要求。

会计本身作为企业信任机制的存在要求对会计人员必须进行诚信教育，会计价值的实现实质上解决的是诚信问题，故对会计人员的诚信教育应始于会计价值的教育，即要求会计从业人员做到客观真实、主观诚信，法律法规是之保障，2018年5月财政部、人力资源社会保障部发布了《关于印发〈会计专业技术人员继续教育规定〉的通知》（财会〔2018〕10号），《会计专业技术人员继续教育规定》（以下简称《规定》）自2018年7月1日起施行，《规定》中对会计人员的职业道德、法律法规教育的要求是之体现。

国家税务总局2018年10月25日发布的《从事涉税服务人员个人信用积分指标体系及积分记录规则》（国家税务总局公告〔2018〕50号）及2018年11月2日发布的《国家税务总局关于发布〈从事涉税服务人员个人信用积分指标体系及积分记录规则〉的公告》的解读亦印证和支持了本文的观点。

在契约社会、诚信社会、法治社会之下，企业的客观存在，则有会计价值实现的客观需求，对会计人员的诚信教育、会计价值教育则必不可少。

以法治建设赋能、以数字技术支撑，孕育企业可持续发展环境

关键词：可持续发展；会计价值；公司价值；社会治理

文章导读：文章《以法治建设赋能、以数字技术支撑，孕育企业可持续发展环境》，阐释了信息披露的数字化支撑与法治保障，为企业可持续发展营造良好的信息披露环境。财务信息是企业信息披露的核心所在，是利益相关者治理的生命基础。通过阅读、学习本文，引导学生关注财务数智化发展趋势；本文是对企业利益相关者治理基础之信息披露的可持续发展环境的阐释。

2023年9月7日，习近平总书记首次提出"新质生产力"，9月8日总书记再次指出"加快形成新质生产力"，为全国推动生产力跃迁明晰了发展方向。各省都以新质生产力发展为基础布局未来产业。

一、可持续发展的时代背景

随着新质生产力的逐步形成，新质生产力时代已到来。中央财办对新质生产力的解读是"由技术革命性突破、生产要素创新性配置、产业深度转型升级而催生的当代先进生产力"，其内涵最核心的是创新。新质生产力时代是创新的时代。

习近平总书记在二十届中共中央政治局第五次集体学习时指出，"人才是第一资

源，科技是第一生产力，创新是第一动力"，创新方可持续发展。

二、可持续发展的《公司法》保障

2023年12月29日，第十四届全国人民代表大会常务委员会第七次会议表决通过了新修订的拟于2024年7月1日起施行的《公司法》，以下简称《公司法》（2023修订）。

（一）以法律培植创新沃土

企业是经济细胞、是社会存在，是新质生产力的开拓者和践行者，公司制企业作为典型的现代企业，更是责无旁贷。

公司制企业的股东责任有限性为万众创新提供了防控风险的保障机制，公司制企业成为创新时代首选的组织形式。《公司法》（2023修订）提供了28种有限公司组织机构设置范式、10种股份公司组织机构设置范式，极大地满足了公司的设置要求，优化了公司治理结构。

《公司法》（2023修订）为新质生产力时代公司设立、经济发展，预配了法治保障、注入了制度活力、营造了法治环境，以法治赋能新质生产力时代的创新。

（二）用法律引领可持续发展

《公司法》（2023修订）的利益相关者利益、社会责任、生态环境保护的关注与公司的责任担当要求，公益活动的鼓励，企业家精神的弘扬，体现了对可持续发展理念的重视和推动；以及鼓励社会责任报告的公布，均旨在引领公司可持续发展。

三、可持续发展的信息披露规范

（一）可持续发展信息披露的框架确立

上海证券交易所、深圳证券交易所、北京证券交易所于2024年4月12日同日分别发布了《上海证券交易所上市公司自律监管指引第14号——可持续发展报告（试行）》《深圳证券交易所上市公司自律监管指引第17号——可持续发展报告（试行）》《北京证券交易所上市公司持续监管指引第11号——可持续发展报告（试行）》（以下合并简称《指引》）。

三大证券交易所同时发布《指引》，标志着我国上市公司可持续发展信息披露框架的确立。《指引》采用强制与自愿相结合的披露方式，接轨国际相关披露要求，明确环境、社会、公司治理（ESG）披露议题。《指引》的出台，将有力推动上市公司可持续发展信息的高质量披露，促进上市公司夯实高质量发展基础；进一步营造正向激励氛围，推动构建良好的可持续生态。

（二）国家统一的可持续披露准则体系建设

2024年5月27日上午，财政部发布了《企业可持续披露准则——基本准则（征求意见稿）》（以下简称《基本准则》（征求意见稿）），《基本准则》（征求意见稿）的发布，拉开了建设国家统一的可持续披露准则体系的序幕。

《基本准则》（征求意见稿）包括总则、披露目标与原则、信息质量要求、披露要素、其他披露要求以及附则等六章33条，规定了企业可持续信息披露的治理、战略、风险和机遇管理、指标和目标等4个核心要素，提出了可靠性、相关性、可比性、可验证性、可理解性、及时性等6个质量要求。

《基本准则》（征求意见稿）的发布旨在推动经济、社会和环境可持续发展，稳步推进我国可持续披露准则体系建设，规范企业可持续发展信息披露，以标准建设赋能新质生产力时代可持续发展。

在同时发布的"起草说明"中，财政部提出了到2030年，基本建成由基本准则、具体准则和应用指南组成的国家统一的可持续披露准则体系的总体目标。

四、信息披露的数字化技术支撑

2024年4月，中国会计学会会计教育专业委员会在南京举办了"数智经济时代会计教育改革"研讨会，杭州电子科技大学王泽霞教授作了题为《数字化时代财务业务创新》的主题报告，报告中《千发集团数字化转型实践》案例展示的"千发集团智能业财一体化数字管控平台"，已经通过数字化技术实现了业财的完美融合。

企业数字化转型是利用数字技术对业务模式、运营流程、产品与服务以及工作方式进行全面改造和升级。数字化转型后企业的业务新模式，为企业可持续发展的信息披露构筑了信息平台，提供了技术支撑。

加快、持续推进数字化转型，以数字化技术赋能企业可持续发展。

从时代的新质生产力发展要求到法律法规的制度建设，从内因呈现到外力分析，从实践展示到理论阐释，表明我国助力企业可持续发展的环境已初步形成，并在不断完善、优化。

课后习题

一、选择题

1.总预算即（　　　）。

A.业务预算　　　　B.专门决策预算　　　C.现金预算　　　　D.财务预算

2.预算起点的预算是指（　　　）。

A.现金预算　　　　B.生产预算　　　　C.销售预算　　　　D.采购预算

3.企业投资中心考核的主要是（　　　）。

A.成本　　　　　　B.费用　　　　　　C.利润　　　　　　D.利润与投资效果

4.杜邦分析法的核心指标是（　　　）。

A.净利润　　　　　B.销售净利率　　　C.总资产净利率　　D.净资产收益率

5.相对于预算方法的分类，属于同一标准下更为科学的方法有（　　　）。

A.固定预算　　　　B.弹性预算　　　　C.增量预算　　　　D.零基预算

6.下列为产品成本预算提供数据的有（　　　）。

A.直接材料预算　　　　　　　　　　B.直接人工预算

C.制造费用预算　　　　　　　　　　D.销售费用预算

7.企业责任中心一般可分为（　　　）。

A.成本中心　　　B.利润中心　　　　C.投资中心　　　　D.费用中心

8.财务分析的内容一般包括（　　　）。

A.偿债能力　　　　B.获利能力　　　　C.营运能力　　　　D.发展能力

二、综合题

××市××玩具股份有限公司采用杜邦分析法进行行业业绩评价，请从财务预算、财务控制与财务分析整体视角综合分析，回答下列问题：

1.杜邦分析法属于多指标业绩评价。请问是否正确？

2.杜邦分析法以总资产收益率为核心。请问是否正确？

3.依据杜邦分析法，下列描述中正确的有（　　　）。

A.净资产收益率=总资产净利率×权益乘数

B.净资产收益率=销售净利率×总资产周转率×权益乘数

C.净资产收益率=总资产净利率/（1-资产负债率）

D.以上三项不全对

4.已知××市××玩具股份有限公司的权益乘数，请问如何计算其资产负债率？

5.已知××市××玩具股份有限公司的资产负债率，请问如何计算其权益乘数？

6.运用杜邦分析法进行分析，其数据来源一定涉及的会计报表有（　　　）。

A.资产负债表　　　　　　　　　B.利润表

C.现金流量表　　　　　　　　　D.所有者权益变动表

7.财务分析需要结合财务预算和企业运营实际，企业的财务预算包括（　　　）。

A.现金预算　　　　　　　　　　B.预计利润表

C.预计资产负债表　　　　　　　D.产品成本预算

8.以预算为基础的责任控制，要加强责任业绩考核，企业成本中心考核的主要是（　　　）。

A.成本　　　　　B.费用　　　　　C.成本与费用　　　　D.利润

三、延伸学习建议内容

1.固定预算的编制。

2.增量预算的编制。

3.定期预算的编制。

4.滚动预算的编制。

5.责任中心的量化考核。

6.沃尔比重分析法。

［1］王辉．企业利益相关者治理研究——从资本结构到资源结构［M］．北京：高等教育出版社，2005．

［2］张楚廷．高校教师教育教学技能［M］．长沙：湖南师范大学出版社，2015．

［3］乔宏．财务管理［M］．2版．成都：西南财经大学出版社，2014．

［4］段顺玲，李灿芳．财务管理［M］．北京：北京理工大学出版社，2020．

［5］刘淑莲．财务管理［M］．6版．大连：东北财经大学出版社，2022．

［6］汤谷良，王珮．高级财务管理学［M］．北京：清华大学出版社，2017．

［7］刘星．法理学［M］．北京：法律出版社，2005．

［8］杨立新．债与合同法［M］．北京：法律出版社，2012．

［9］杨立新．中华人民共和国民法典条文释义［M］．北京：中国法治出版社，2020．

［10］马连福，等．公司治理［M］．3版．北京：中国人民大学出版社，2022．

［11］刘新来．信用担保概论与实务［M］．北京：经济科学出版社，2006．

［12］田天，刘长海，李海涛．信用担保理论、实践与创新［M］．北京：北京师范大学出版社，2012．

［13］黄仁宇．中国大历史［M］．北京：三联书店，2007．

［14］林萍．利益相关者理论综述［J］．闽江学院学报，2009（1）：54-58．

［15］付丽薇，陈希．利益相关者与企业价值最大化研究［J］．中国集体经济，2014（25）：62-63．

［16］王强，周丽丽．企业价值最大化绩效评价研究——基于利益相关者理论［J］．财会通讯（学术版），2008（2）：67-69．

［17］孙淑文，王勇．共同富裕中的企业参与：基于制度理论的视角［J］．西安财经大学学报，2022（5）：17-28．

［18］刘思楫．共同富裕中的央企担当［J］．国家电网，2021（11）：58-61．

［19］邸敏学．国有企业促进共同富裕的内在机理及其实现路径［J］．马克思主义研究，2022（10）：122-132．

［20］薛奕曦，刘逸雲，王方华．管理学与共同富裕——"中国管理50人"论坛（2021年秋季）会议侧记［J］．管理学报，2022（10）：1442-1445．

［21］林国．基于会计价值实现视角的会计基础理论梳理［J］．商业会计，2019（14）：104-105．

［22］赵振华，王贺雨．新质生产力文献综述：涵义、特征与实践路径［J］．团结，2024（1）：9-14.

［23］杨丹辉．新质生产力的内涵和特点［J］．当代贵州，2024（3）：33-35.

［24］魏崇辉．新质生产力的基本意涵、历史演进与实践路径［J］．理论与改革，2023（6）：25-38.

［25］胡莹．新质生产力的内涵、特点及路径探析［J］．新疆师范大学学报（哲学社会科学版），2023（6）：36-45；2.

［26］潘建屯，陶泓伶．理解新质生产力内涵特征的三重维度［J］．西安交通大学学报（社会科学版），2024（1）：12-19.

［27］周文，叶蕾．新质生产力与数字经济［J］．浙江工商大学学报，2024（2）：17-28.

［28］黄再胜．AI大模型赋能新质生产力加快发展：内在机理、现实障碍与实践进路［J］．改革与战略，2024（2）：1-12.

［29］樊丽明、张斌．税与法的关系分析［J］．税务研究，2000（11）：61-67.

［30］林国．从契约—代理视角解读古代中国税收确立与实现背后的法理［J］．西部经济管理论坛，2015（2）：63-67；77.

［31］林国，黄翔．信用与担保视角下的税收保证金台账制度之价值［J］．当代经济，2018（19）：46-49.

［32］高雨萌，李凌．国内外ESG相关政策法规研究［J］．冶金财会，2022（11）：22-26.

［33］朱慈蕴，吕成龙．ESG的兴起与现代公司法的能动回应［J］．中外法学，2022（5）：1241-1259.

［34］聂辉华，林佳妮，崔梦莹．ESG：企业促进共同富裕的可行之道［J］．学习与探索，2022（11）：2，107-116.

［35］刘品．环境、社会和治理（ESG）体系：文献综述与研究展望［J］．财务研究，2023（3）：48-52.

［36］郭志远．推进构建人类命运共同体问题研究综述［J］．理论视野，2022（7）：95-102.

［37］李传兵．人类命运共同体思想的世界意义及实践路径［J］．湖南社会科学，2023（6）：9-14.

［38］曹丙燕，邓赛，贾雪莲．人类命运共同体的研究现状及展望［J］．实事求是，2023（2）：96-103.

［39］《中共中央关于全面深化改革若干重大问题的决定》（2013年11月12日中国共产党第十八届中央委员会第三次全体会议通过）.

［40］《社会信用体系建设规划纲要（2014—2020年）》（国发〔2014〕21号）.

［41］《企业信息公示暂行条例》（国令〔2014〕第654号）.

［42］《国务院关于建立完善守信联合激励和失信联合惩戒制度加快推进社会诚信建

设的指导意见》(国发〔2016〕33号).

[43]《关于印发〈会计专业技术人员继续教育规定〉的通知》(财会〔2018〕10号).

[44]《从事涉税服务人员个人信用积分指标体系及积分记录规则》(国家税务总局公告〔2018〕50号).

[45]《关于深化会计人员职称制度改革的指导意见》(人社部发〔2019〕8号).

[46] 2018年11月2日国家税务总局关于《国家税务总局关于发布〈从事涉税服务人员个人信用积分指标体系及积分记录规则〉的公告》的解读.

[47] 2019年1月16日财政部会计资格评价中心第1号公告.

附　录

		利 率								
		1%	2%	3%	4%	5%	6%	7%	8%	9%	10%
	1	1.0100	1.0200	1.0300	1.0400	1.0500	1.0600	1.0700	1.0800	1.0900	1.1000
	2	1.0201	1.0404	1.0609	1.0816	1.1025	1.1236	1. 1449	1.1664	1.1881	1.2100
	3	1.0303	1.0612	1.0927	1.1249	1.1576	1.1910	1.2250	1.2597	1.2950	1.3310
	4	1.0406	1.0824	1.1255	1.1699	1.2155	1.2625	1.3108	1.3605	1. 4116	1.4641
	5	1.0510	1.1041	1.1593	1.2167	1.2763	1.3382	1.4026	1.4693	1.5386	1.6105
	6	1.0615	1.1262	1.1941	1.2653	1. 3401	1.4185	1.5007	1.5869	1.6771	1. 7716
	7	1.0721	1.1487	1.2299	1.3159	1.4071	1.5036	1.6058	1. 7138	1.8280	1.9487
	8	1.0829	1. 1717	1.2668	1.3686	1.4775	1.5938	1.7182	1.8509	1.9926	2.1436
	9	1. 0937	1.1951	1.3048	1.4233	1.5513	1.6895	1.8385	1. 9990	2.1719	2.3579
	10	1.1046	1.2190	1.3439	1.4802	1.6289	1.7908	1.9672	2.1589	2.3674	2.5937
	11	1. 1157	1.2434	1.3842	1.5395	1.7103	1.8983	2.1049	2.3316	2.5804	2.8531
	12	1.1268	1.2682	1.4258	1.6010	1.7959	2.0122	2.2522	2.5182	2.8127	3.1384
	13	1.1381	1.2936	1.4685	1.6651	1.8856	2. 1329	2.4098	2. 7196	3.0658	3.4523
	14	1.1495	1.3195	1.5126	1.7317	1.9799	2.2609	2.5785	2.9372	3.3417	3.7975
期	15	1.1610	1. 3459	1.5580	1.8009	2.0789	2.3966	2.7590	3.1722	3.6425	4.1772
数	16	1.1726	1. 3728	1.6047	1.8730	2.1829	2.5404	2.9522	3.4259	3. 9703	4.5950
	17	1.1843	1.4002	1.6528	1.9479	2.2920	2.6928	3.1588	3.7000	4. 3276	5.0545
	18	1.1961	1.4282	1.7024	2.0258	2.4066	2.8543	3.3799	3.9960	4.7171	5.5599
	19	1.2081	1.4568	1.7535	2.1068	2.5270	3.0256	3.6165	4.3157	5.1417	6.1159
	20	1.2202	1.4859	1.8061	2.1911	2.6533	3.2071	3.8697	4.6610	5.6044	6.7275
	21	1.2324	1.5157	1.8603	2.2788	2.7860	3.3996	4. 1406	5.0338	6.1088	7.4002
	22	1.2447	54601.	1.9161	2.3699	2.9253	3.6035	4.4304	5.4365	6.6586	8.1403
	23	1. 2572	1.5769	1.9736	2.4647	3.0715	3.8197	4.7405	5.8715	7.2579	8.9543
	24	1.2697	1.6084	2.0328	2.5633	3.2251	4.0489	5.0724	6.3412	7.9111	9.8497
	25	1.2824	1.6406	2.0938	2.6658	3.3864	4.2919	5.4274	6.8485	8.6231	10.8347
	26	1.2953	1.6734	2.1566	2.7725	3.5557	4.5494	5.8074	7.3964	9.3992	11.9182
	27	1.3082	1.7069	2.2213	2.8834	3.7335	4.8223	6.2139	7.9881	10.2451	13.1100
	28	1.3213	1.7410	2.2879	2.9987	3.9201	5.1117	6.6488	8.6271	11.1671	14.4210
	29	1.3345	1.7758	2. 3566	3.1187	4. 1161	5.4184	7.1143	9.3173	12.1722	15.8631
	30	1.3478	1.8114	2.4273	3.2434	4.3219	5.7435	7.6123	10.0627	13.2677	17.4494

		利 率									
		11%	12%	13%	14%	15%	16%	17%	18%	19%	20%
期数	1	1.1100	1.1200	1.1300	1.1400	1.1500	1.1600	1.1700	1.1800	1.1900	1.2000
	2	1.2321	1.2544	1.2769	1.2996	1.3225	1.3456	1.3689	1.3924	1.4161	1.4400
	3	1.3676	1.4049	1.4429	1.4815	1.5209	1.5609	1.6016	1.6430	1.6852	1.7280
	4	1.5181	1.5735	1.6305	1.6890	1.7490	1.8106	1.8739	1.9388	2.0053	2.0736
	5	1.6851	1.7623	1.8424	1.9254	2.0114	2.1003	2.1924	2.2878	2.3864	2.4883
	6	1.8704	1.9738	2.0820	2.1950	2.3131	2.4364	2.5652	2.6996	2.8398	2.9860
	7	2.0762	2.2107	2.3526	2.5023	2.6600	2.8262	3.0012	3.1855	3.3793	3.5832
	8	2.3045	2.4760	2.6584	2.8526	3.0590	3.2784	3.5115	3.7589	4.0214	4.2998
	9	2.5580	2.7731	3.0040	3.2519	3.5179	3.8030	4.1084	4.4355	4.7854	5.1598
	10	2.8394	3.1058	3.3946	3.7072	4.0456	4.4114	4.8068	5.2338	5.6947	6.1917
	11	3.1518	3.4785	3.8359	4.2262	4.6524	5.1173	5.6240	6.1759	6.7767	7.4301
	12	3.4985	3.8960	4.3345	4.8179	5.3503	5.9360	6.5801	7.2876	8.0642	8.9161
	13	3.8833	4.3635	4.8980	5.4924	6.1528	6.8858	7.6987	8.5994	9.5964	10.6993
	14	4.3104	4.8871	5.5348	6.2613	7.0757	7.9875	9.0075	10.1472	11.4198	12.8392
	15	4.7846	5.4736	6.2543	7.1379	8.1371	9.2655	10.5387	11.9737	13.5895	15.4070
	16	5.3109	6.1304	7.0673	8.1372	9.3576	10.7480	12.3303	14.1290	16.1715	18.4884
	17	5.8951	6.8660	7.9861	9.2765	10.7613	12.4677	14.4265	16.6722	19.2441	22.1861
	18	6.5436	7.6900	9.0243	10.5752	12.3755	14.4625	16.8790	19.6733	22.9005	26.6233
	19	7.2633	8.6128	10.1974	12.0557	14.2318	16.7765	19.7484	23.2144	27.2516	31.9480
	20	8.0623	9.6463	11.5231	13.7435	16.3665	19.4608	23.1056	27.3930	32.4294	38.3376
	21	8.9492	10.8038	13.0211	15.6676	18.8215	22.5745	27.0336	32.3238	38.5910	46.0051
	22	9.9336	12.1003	14.7138	17.8610	21.6447	26.1864	31.6293	38.1421	45.9233	55.2061
	23	11.0263	13.5523	16.6266	20.3616	24.8915	30.3762	37.0062	45.0076	54.6487	66.2474
	24	12.2392	15.1786	18.7881	23.2122	28.6252	35.2364	43.2973	53.1090	65.0320	79.4968
	25	13.5855	17.0001	21.2305	26.4619	32.9190	40.8742	50.6578	62.6686	77.3881	95.3962
	26	15.0799	19.0401	23.9905	30.1666	37.8568	47.4141	59.2697	73.9490	92.0918	114.4755
	27	16.7386	21.3249	27.1093	34.3899	43.5353	55.0004	69.3455	87.2598	109.5893	137.3706
	28	18.5799	23.8839	30.6335	39.2045	50.0656	63.8004	81.1342	102.9666	130.4112	164.8447
	29	20.6237	26.7499	34.6158	44.6931	57.5755	74.0085	94.9271	121.5005	155.1893	197.8136
	30	22.8923	29.9599	39.1159	50.9502	66.2118	85.8499	111.0647	143.3706	184.6753	237.3763

复利现值系数表

		利 率									
		1%	2%	3%	4%	5%	6%	7%	8%	9%	10%
	1	0.9901	0.9804	0.9709	0.9615	0.9524	0.9434	0.9346	0.9259	0.9174	0.9091
	2	0.9803	0.9612	0.9426	0.9246	0.9070	0.8900	0.8734	0.8573	0.8417	0.8264
	3	0.9706	0.9423	0.9151	0.8890	0.8638	0.8396	0.8163	0.7938	0.7722	0.7513
	4	0.9610	0.9238	0.8885	0.8548	0.8227	0.7921	0.7629	0.7350	0.7084	0.6830
	5	0.9515	0.9057	0.8626	0.8219	0.7835	0.7473	0.7130	0.6806	0.6499	0.6209
	6	0.9420	0.8880	0.8375	0.7903	0.7462	0.7050	0.6663	0.6302	0.5963	0.5645
	7	0.9327	0.8706	0.8131	0.7599	0.7107	0.6651	0.6227	0.5835	0.5470	0.5132
	8	0.9235	0.8535	0.7894	0.7307	0.6768	0.6274	0.5820	0.5403	0.5019	0.4665
	9	0.9143	0.8368	0.7664	0.7026	0.6446	0.5919	0.5439	0.5002	0.4604	0.4241
	10	0.9053	0.8203	0.7441	0.6756	0.6139	0.5584	0.5083	0.4632	0.4224	0.3855
	11	0.8963	0.8043	0.7224	0.6496	0.5847	0.5268	0.4751	0.4289	0.3875	0.3505
	12	0.8874	0.7885	0.7014	0.6246	0.5568	0.4970	0.4440	0.3971	0.3555	0.3186
	13	0.8787	0.7730	0.6810	0.6006	0.5303	0.4688	0.4150	0.3677	0.3262	0.2897
	14	0.8700	0.7579	0.6611	0.5775	0.5051	0.4423	0.3878	0.3405	0.2992	0.2633
期数	15	0.8613	0.7430	0.6419	0.5553	0.4810	0.4173	0.3624	0.3152	0.2745	0.2394
	16	0.8528	0.7284	0.6232	0.5339	0.4581	0.3936	0.3387	0.2919	0.2519	0.2176
	17	0.8444	0.7142	0.6050	0.5134	0.4363	0.3714	0.3166	0.2703	0.2311	0.1978
	18	0.8360	0.7002	0.5874	0.4936	0.4155	0.3503	0.2959	0.2502	0.2120	0.1799
	19	0.8277	0.6864	0.5703	0.4746	0.3957	0.3305	0.2765	0.2317	0.1945	0.1635
	20	0.8195	0.6730	0.5537	0.4564	0.3769	0.3118	0.2584	0.2145	0.1784	0.1486
	21	0.8114	0.6598	0.5375	0.4388	0.3589	0.2942	0.2415	0.1987	0.1637	0.1351
	22	0.8034	0.6468	0.5219	0.4220	0.3418	0.2775	0.2257	0.1839	0.1502	0.1228
	23	0.7954	0.6342	0.5067	0.4057	0.3256	0.2618	0.2109	0.1703	0.1378	0.1117
	24	0.7876	0.6217	0.4919	0.3901	0.3101	0.2470	0.1971	0.1577	0.1264	0.1015
	25	0.7798	0.6095	0.4776	0.3751	0.2953	0.2330	0.1842	0.1460	0.1160	0.0923
	26	0.7720	0.5976	0.4637	0.3607	0.2812	0.2198	0.1722	0.1352	0.1064	0.0839
	27	0.7644	0.5859	0.4502	0.3468	0.2678	0.2074	0.1609	0.1252	0.0976	0.0763
	28	0.7568	0.5744	0.4371	0.3335	0.2551	0.1956	0.1504	0.1159	0.0895	0.0693
	29	0.7493	0.5631	0.4243	0.3207	0.2429	0.1846	0.1406	0.1073	0.0822	0.0630
	30	0.7419	0.5521	0.4120	0.3083	0.2314	0.1741	0.1314	0.0994	0.0754	0.0573

		利　率									
		11%	12%	13%	14%	15%	16%	17%	18%	19%	20%
期数	1	0.9009	0.8929	0.8850	0.8772	0.8696	0.8621	0.8547	0.8475	0.8403	0.8333
	2	0.8116	0.7972	0.7831	0.7695	0.7561	0.7432	0.7305	0.7182	0.7062	0.6944
	3	0.7312	0.7118	0.6931	0.6750	0.6575	0.6407	0.6244	0.6086	0.5934	0.5787
	4	0.6587	0.6355	0.6133	0.5921	0.5718	0.5523	0.5337	0.5158	0.4987	0.4823
	5	0.5935	0.5674	0.5428	0.5194	0.4972	0.4761	0.4561	0.4371	0.4190	0.4019
	6	0.5346	0.5066	0.4803	0.4556	0.4323	0.4104	0.3898	0.3704	0.3521	0.3349
	7	0.4817	0.4523	0.4251	0.3996	0.3759	0.3538	0.3332	0.3139	0.2959	0.2791
	8	0.4339	0.4039	0.3762	0.3506	0.3269	0.3050	0.2848	0.2660	0.2487	0.2326
	9	0.3909	0.3606	0.3329	0.3075	0.2843	0.2630	0.2434	0.2255	0.2090	0.1938
	10	0.3522	0.3220	0.2946	0.2697	0.2472	0.2267	0.2080	0.1911	0.1756	0.1615
	11	0.3173	0.2875	0.2607	0.2366	0.2149	0.1954	0.1778	0.1619	0.1476	0.1346
	12	0.2858	0.2567	0.2307	0.2076	0.1869	0.1685	0.1520	0.1372	0.1240	0.1122
	13	0.2575	0.2292	0.2042	0.1821	0.1625	0.1452	0.1299	0.1163	0.1042	0.0935
	14	0.2320	0.2046	0.1807	0.1597	0.1413	0.1252	0.1110	0.0985	0.0876	0.0779
	15	0.2090	0.1827	0.1599	0.1401	0.1229	0.1079	0.0949	0.0835	0.0736	0.0649
	16	0.1883	0.1631	0.1415	0.1229	0.1069	0.0930	0.0811	0.0708	0.0618	0.0541
	17	0.1696	0.1456	0.1252	0.1078	0.0929	0.0802	0.0693	0.0600	0.0520	0.0451
	18	0.1528	0.1300	0.1108	0.0946	0.0808	0.0691	0.0592	0.0508	0.0437	0.0376
	19	0.1377	0.1161	0.0981	0.0829	0.0703	0.0596	0.0506	0.0431	0.0367	0.0313
	20	0.1240	0.1037	0.0868	0.0728	0.0611	0.0514	0.0433	0.0365	0.0308	0.0261
	21	0.1117	0.0926	0.0768	0.0638	0.0531	0.0443	0.0370	0.0309	0.0259	0.0217
	22	0.1007	0.0826	0.0680	0.0560	0.0462	0.0382	0.0316	0.0262	0.0218	0.0181
	23	0.0907	0.0738	0.0601	0.0491	0.0402	0.0329	0.0270	0.0222	0.0183	0.0151
	24	0.0817	0.0659	0.0532	0.0431	0.0349	0.0284	0.0231	0.0188	0.0154	0.0126
	25	0.0736	0.0588	0.0471	0.0378	0.0304	0.0245	0.0197	0.0160	0.0129	0.0105
	26	0.0663	0.0525	0.0417	0.0331	0.0264	0.0211	0.0169	0.0135	0.0109	0.0087
	27	0.0597	0.0469	0.0369	0.0291	0.0230	0.0182	0.0144	0.0115	0.0091	0.0073
	28	0.0538	0.0419	0.0326	0.0255	0.0200	0.0157	0.0123	0.0097	0.0077	0.0061
	29	0.0485	0.0374	0.0289	0.0224	0.0174	0.0135	0.0105	0.0082	0.0064	0.0051
	30	0.0437	0.0334	0.0256	0.0196	0.0151	0.0116	0.0090	0.0070	0.0054	0.0042

期数	利率									
	1%	2%	3%	4%	5%	6%	7%	8%	9%	10%
1	1.0000	1.0000	1.0000	1.0000	1.0000	1.0000	1.0000	1.0000	1.0000	1.0000
2	2.0100	2.0200	2.0300	2.0400	2.0500	2.0600	2.0700	2.0800	2.0900	2.1000
3	3.0301	3.0604	3.0909	3.1216	3.1525	3.1836	3.2149	3.2464	3.2781	3.3100
4	4.0604	4.1216	4.1836	4.2465	4.3101	4.3746	4. 4399	4.5061	4.5731	4.6410
5	5.1010	5.2040	5.3091	5.4163	5.5256	5.6371	5.7507	5.8666	5.9847	6.1051
6	6.1520	6.3081	6.4684	6.6330	6.8019	6.9753	7.1533	7.3359	7.5233	7.7156
7	7.2135	7.4343	7.6625	7.8983	8.1420	8.3938	8.6540	8.9228	9.2004	9.4872
8	8.2857	8.5830	8.8923	9.2142	9.5491	9.8975	10.2598	10.6366	11.0285	11.4359
9	9.3685	9.7546	10.1591	10.5828	11.0266	11.4913	11.9780	12.4876	13.0210	13.5795
10	10.4622	10.9497	11.4639	12.0061	12.5779	13.1808	13.8164	14.4866	15.1929	15.9374
11	11.5668	12.1687	12.8078	13.4864	14.2068	14.9716	15.7836	16.6455	17.5603	18.5312
12	12.6825	13.4121	14.1920	15.0258	15.9171	16.8699	17.8885	18.9771	20.1407	21.3843
13	13.8093	14.6803	15.6178	16.6268	17.7130	18.8821	20.1406	21.4953	22.9534	24.5227
14	14.9474	15.9739	17.0863	18.2919	19.5986	21.0151	22.5505	24.2149	26.0192	27.9750
15	16.0969	17.2934	18.5989	20.0236	21.5786	23.2760	25.1290	27.1521	29.3609	31. 7725
16	17.2579	18.6393	20.1569	21.8245	23.6575	25.6725	27.8881	30.3243	33.0034	35.9497
17	18.4304	20.0121	21.7616	23.6975	25.8404	28.2129	30.8402	33.7502	36.9737	40.5447
18	19.6147	21.4123	23.4144	25.6454	28.1324	30.9057	33.9990	37.4502	41.3013	45.5992
19	20.8109	22.8406	25.1169	27.6712	30.5390	33.7600	37.3790	41.4463	46.0185	51.1591
20	22.0190	24.2974	26.8704	29.7781	33.0660	36.7856	40.9955	45.7620	51.1601	57.2750
21	23.2392	25.7833	28.6765	31.9692	35.7193	39.9927	44.8652	50.4229	56.7645	64.0025
22	24.4716	27.2990	30.5368	34.2480	38.5052	43.3923	49.0057	55.4568	62.8733	71.4027
23	25.7163	28.8450	32.4529	36.6179	41.4305	46.9958	53.4361	60.8933	69.5319	79.5430
24	26.9735	30.4219	34.4265	39.0826	44.5020	50.8156	58.1767	66.7648	76.7898	88.4973
25	28.2432	32.0303	36.4593	41.6459	47.7271	54.8645	63.2490	73.1059	84.7009	98.3471
26	29.5256	33.6709	38.5530	44.3117	51.1135	59.1564	68.6765	79.9544	93.3240	109.1818
27	30.8209	35.3443	40.7096	47.0842	54.6691	63.7058	74.4838	87.3508	102.7231	121.0999
28	32.1291	37.0512	42.9309	49.9676	58.4026	68.5281	80.6977	95.3388	112.9682	134.2099
29	33.4504	38.7922	45.2189	52.9663	62.3227	73.6398	87.3465	103.9659	124.1354	148.6309
30	34.7849	40.5681	47.5754	56.0849	66.4388	79.0582	94.4608	113.2832	136.3075	164.4940

		利　率									
		11%	12%	13%	14%	15%	16%	17%	18%	19%	20%
期数	1	1.0000	1.0000	1.0000	1.0000	1.0000	1.0000	1.0000	1.0000	1.0000	1.0000
	2	2.1100	2.1200	2.1300	2.1400	2.1500	2.1600	2.1700	2.1800	2.1900	2.2000
	3	3.3421	3.3744	3.4069	3.4396	3.4725	3.5056	3.5389	3.5724	3.6061	3.6400
	4	4.7097	4.7793	4.8498	4.9211	4.9934	5.0665	5.1405	5.2154	5.2913	5.3680
	5	6.2278	6.3528	6.4803	6.6101	6.7424	6.8771	7.0144	7.1542	7.2966	7.4416
	6	7.9129	8.1152	8.3227	8.5355	8.7537	8.9775	9.2068	9.4420	9.6830	9.9299
	7	9.7833	10.0890	10.4047	10.7305	11.0668	11.4139	11.7720	12.1415	12.5227	12.9159
	8	11.8594	12.2997	12.7573	13.2328	13.7268	14.2401	14.7733	15.3270	15.9020	16.4991
	9	14.1640	14.7757	15.4157	16.0853	16.7858	17.5185	18.2847	19.0859	19.9234	20.7989
	10	16.7220	17.5487	18.4197	19.3373	20.3037	21.3215	22.3931	23.5213	24.7089	25.9587
	11	19.5614	20.6546	21.8143	23.0445	24.3493	25.7329	27.1999	28.7551	30.4035	32.1504
	12	22.7132	24.1331	25.6502	27.2707	29.0017	30.8502	32.8239	34.9311	37.1802	39.5805
	13	26.2116	28.0291	29.9847	32.0887	34.3519	36.7862	39.4040	42.2187	45.2445	48.4966
	14	30.0949	32.3926	34.8827	37.5811	40.5047	43.6720	47.1027	50.8180	54.8409	59.1959
	15	34.4054	37.2797	40.4175	43.8424	47.5804	51.6595	56.1101	60.9653	66.2607	72.0351
	16	39.1899	42.7533	46.6717	50.9804	55.7175	60.9250	66.6488	72.9390	79.8502	87.4421
	17	44.5008	48.8837	53.7391	59.1176	65.0751	71.6730	78.9792	87.0680	96.0218	105.9306
	18	50.3959	55.7497	61.7251	68.3941	75.8364	84.1407	93.4056	103.7403	115.2659	128.1167
	19	56.9395	63.4397	70.7494	78.9692	88.2118	98.6032	110.2846	123.4135	138.1664	154.7400
	20	64.2028	72.0524	80.9468	91.0249	102.4436	115.3797	130.0329	146.6280	165.4180	186.6880
	21	72.2651	81.6987	92.4699	104.7684	118.8101	134.8405	153.1385	174.0210	197.8474	225.0256
	22	81.2143	92.5026	105.4910	120.4360	137.6316	157.4150	180.1721	206.3448	236.4385	271.0307
	23	91.1479	104.6029	120.2048	138.2970	159.2764	183.6014	211.8013	244.4868	282.3618	326.2369
	24	102.1742	118.1552	136.8315	158.6586	184.1678	213.9776	248.8076	289.4945	337.0105	392.4842
	25	114.4133	133.3339	155.6196	181.8708	212.7930	249.2140	292.1049	342.6035	402.0425	471.9811
	26	127.9988	150.3339	176.8501	208.3327	245.7120	290.0883	342.7627	405.2721	479.4306	567.3773
	27	143.0786	169.3740	200.8406	238.4993	283.5688	337.5024	402.0323	479.2211	571.5224	681.8528
	28	159.8173	190.6989	227.9499	272.8892	327.1041	392.5028	471.3778	566.4809	681.1116	819.2233
	29	178.3972	214.5828	258.5834	312.0937	377.1697	456.3032	552.5121	669.4475	811.5228	984.0680
	30	199.0209	241.3327	293.1992	356.7868	434.7451	530.3117	647.4391	790.9480	966.7122	1 181.8816

年金现值系数表

期数	利率									
	1%	2%	3%	4%	5%	6%	7%	8%	9%	10%
1	0.9901	0.9804	0.9709	0.9615	0.9524	0.9434	0.9346	0.9259	0.9174	0.9091
2	1.9704	1.9416	1.9135	1.8861	1.8594	1.8334	1.8080	1.7833	1.7591	1.7355
3	2.9410	2.8839	2.8286	2.7751	2.7232	2.6730	2.6243	2.5771	2.5313	2.4869
4	3.9020	3.8077	3.7171	3.6299	3.5460	3.4651	3.3872	3.3121	3.2397	3.1699
5	4.8534	4.7135	4.5797	4.4518	4.3295	4.2124	4.1002	3.9927	3.8897	3.7908
6	5.7955	5.6014	5.4172	5.2421	5.0757	4.9173	4.7665	4.6229	4.4859	4.3553
7	6.7282	6.4720	6.2303	6.0021	5.7864	5.5824	5.3893	5.2064	5.0330	4.8684
8	7.6517	7.3255	7.0197	6.7327	6.4632	6.2098	5.9713	5.7466	5.5348	5.3349
9	8.5660	8.1622	7.7861	7.4353	7.1078	6.8017	6.5152	6.2469	5.9952	5.7590
10	9.4713	8.9826	8.5302	8.1109	7.7217	7.3601	7.0236	6.7101	6.4177	6.1446
11	10.3676	9.7868	9.2526	8.7605	8.3064	7.8869	7.4987	7.1390	6.8052	6.4951
12	11.2551	10.5753	9.9540	9.3851	8.8633	8.3838	7.9427	7.5361	7.1607	6.8137
13	12.1337	11.3484	10.6350	9.9856	9.3936	8.8527	8.3577	7.9038	7.4869	7.1034
14	13.0037	12.1062	11.2961	10.5631	9.8986	9.2950	8.7455	8.2442	7.7862	7.3667
15	13.8651	12.8493	11.9379	11.1184	10.3797	9.7122	12.3034	8.5595	8.0607	7.6061
16	14.7179	13.5777	12.5611	11.6523	10.8378	10.1059	12.5504	8.8514	8.3126	7.8237
17	15.5623	14.2919	13.1661	12.1657	11.2741	10.4773	12.7834	9.1216	8.5436	8.0216
18	16.3983	14.9920	13.7535	12.6593	11.6896	10.8276	13.0032	9.3719	8.7556	8.2014
19	17.2260	15.6785	14.3238	13.1339	12.0853	11.1581	13.2105	9.6036	8.9501	8.3649
20	18.0456	16.3514	14.8775	13.5903	12.4622	11.4699	13.4062	9.8181	9.1285	8.5136
21	18.8570	17.0112	15.4150	14.0292	12.8212	11.7641	13.5907	10.0168	9.2922	8.6487
22	19.6604	17.6580	15.9369	14.4511	13.1630	12.0416	13.7648	10.2007	9.4424	8.7715
23	20.4558	18.2922	16.4436	14.8568	13.4886	9.1079	11.2722	10.3711	9.5802	8.8832
24	21.2434	18.9139	16.9355	15.2470	13.7986	9.4466	11.4693	10.5288	9.7066	8.9847
25	22.0232	19.5235	17.4131	15.6221	14.0939	9.7632	11.6536	10.6748	9.8226	9.0770
26	22.7952	20.1210	17.8768	15.9828	14.3752	10.0591	11.8258	10.8100	9.9290	9.1609
27	23.5596	20.7069	18.3270	16.3296	14.6430	10.3356	11.9867	10.9352	10.0266	9.2372
28	24.3164	21.2813	18.7641	16.6631	14.8981	10.5940	12.1371	11.0511	10.1161	9.3066
29	25.0658	21.8444	19.1885	16.9837	15.1411	10.8355	12.2777	11.1584	10.1983	9.3696
30	25.8077	22.3965	19.6004	17.2920	15.3725	11.0612	12.4090	11.2578	10.2737	9.4269

		利率									
		11%	12%	13%	14%	15%	16%	17%	18%	19%	20%
期数	1	0.9009	0.8929	0.8850	0.8772	0.8696	0.8621	0.8547	0.8475	0.8403	0.8333
	2	1.7125	1.6901	1.6681	1.6467	1.6257	1.6052	1.5852	1.5656	1.5465	1.5278
	3	2.4437	2.4018	2.3612	2.3216	2.2832	2.2459	2.2096	2.1743	2.1399	2.1065
	4	3.1024	3.0373	2.9745	2.9137	2.8550	2.7982	2.7432	2.6901	2.6386	2.5887
	5	3.6959	3.6048	3.5172	3.4331	3.3522	3.2743	3.1993	3.1272	3.0576	2.9906
	6	4.2305	4.1114	3.9975	3.8887	3.7845	3.6847	3.5892	3.4976	3.4098	3.3255
	7	4.7122	4.5638	4.4226	4.2883	4.1604	4.0386	3.9224	3.8115	3.7057	3.6046
	8	5.1461	4.9676	4.7988	4.6389	4.4873	4.3436	4.2072	4.0776	3.9544	3.8372
	9	5.5370	5.3282	5.1317	4.9464	4.7716	4.6065	4.4506	4.3030	4.1633	4.0310
	10	5.8892	5.6502	5.4262	5.2161	5.0188	4.8332	4.6586	4.4941	4.3389	4.1925
	11	6.2065	5.9377	5.6869	5.4527	5.2337	5.0286	4.8364	4.6560	4.4865	4.3271
	12	6.4924	6.1944	5.9176	5.6603	5.4206	5.1971	4.9884	4.7932	4.6105	4.4392
	13	6.7499	6.4235	6.1218	5.8424	5.5831	5.3423	5.1183	4.9095	4.7147	4.5327
	14	6.9819	6.6282	6.3025	6.0021	5.7245	5.4675	5.2293	5.0081	4.8023	4.6106
	15	7.1909	6.8109	6.4624	6.1422	5.8474	5.5755	5.3242	5.0916	4.8759	4.6755
	16	7.3792	6.9740	6.6039	6.2651	5.9542	5.6685	5.4053	5.1624	4.9377	4.7296
	17	7.5488	7.1196	6.7291	6.3729	6.0472	5.7487	5.4746	5.2223	4.9897	4.7746
	18	7.7016	7.2497	6.8399	6.4674	6.1280	5.8178	5.5339	5.2732	5.0333	4.8122
	19	7.8393	7.3658	6.9380	6.5504	6.1982	5.8775	5.5845	5.3162	5.0700	4.8435
	20	7.9633	7.4694	7.0248	6.6231	6.2593	5.9288	5.6278	5.3527	5.1009	4.8696
	21	8.0751	7.5620	7.1016	6.6870	6.3125	5.9731	5.6648	5.3837	5.1268	4.8913
	22	8.1757	7.6446	7.1695	6.7429	6.3587	6.0113	5.6964	5.4099	5.1486	4.9094
	23	8.2664	7.7184	7.2297	6.7921	6.3988	6.0442	5.7234	5.4321	5.1668	4.9245
	24	8.3481	7.7843	7.2829	6.8351	6.4338	6.0726	5.7465	5.4509	5.1822	4.9371
	25	8.4217	7.8431	7.3300	6.8729	6.4641	6.0971	5.7662	5.4669	5.1951	4.9476
	26	8.4881	7.8957	7.3717	6.9061	6.4906	6.1182	5.7831	5.4804	5.2060	4.9563
	27	8.5478	7.9426	7.4086	6.9352	6.5135	6.1364	5.7975	5.4919	5.2151	4.9636
	28	8.6016	7.9844	7.4412	6.9607	6.5335	6.1520	5.8099	5.5016	5.2228	4.9697
	29	8.6501	8.0218	7.4701	6.9830	6.5509	6.1656	5.8204	5.5098	5.2292	4.9747
	30	8.6938	8.0552	7.4957	7.0027	6.5660	6.1772	5.8294	5.5168	5.2347	4.9789